21世纪高等院校公共课精品教材

U0674751

AN INTRODUCTION TO
ACCOUNTING

会计学导论

周华 编著

东北财经大学出版社　大连
Dongbei University of Finance & Economics Press

图书在版编目（CIP）数据

会计学导论 / 周华编著．—大连：东北财经大学出版社，2025.1．—（21世纪高等院校公共课精品教材）.
ISBN 978-7-5654-5548-3

Ⅰ．F230

中国国家版本馆CIP数据核字第202407HR75号

东北财经大学出版社出版

（大连市黑石礁尖山街217号　邮政编码　116025）

网　　址：http://www.dufep.cn

读者信箱：dufep@dufe.edu.cn

大连图腾彩色印刷有限公司印刷　东北财经大学出版社发行

幅面尺寸：170mm×240mm　　字数：154千字　　印张：11

2025年1月第1版　　　　　　2025年1月第1次印刷

责任编辑：李　栋　王　玲　　　　　责任校对：赵　楠

封面设计：原　皓　　　　　　　　　版式设计：原　皓

定价：46.00元

前言

读者朋友，当你刚刚踏入会计学科的殿堂时，你可能会感到既兴奋又困惑，因为会计不仅是商业语言，也是确保企业健康运行的关键。会计专业人员，特别是总会计师和财务总监，在企业中扮演着核心角色，他们不仅负责日常的财务管理工作，还要参与重大决策，确保企业的财务战略与整体业务目标相一致。然而，财务造假事件时有发生，某种程度上损害了会计行业的信誉，也暴露出一些深层次的问题。

会计之所以受到高度重视，是因为它提供了决策所需的关键信息。财务数据是评估企业绩效、预测企业未来趋势、吸引投资者和满足监管要求的基石。会计专业人才应能够理解和解释这些数据，为管理层提供有价值的信息，帮助企业管理层做出明智的决策。但同时，这也意味着会计人员肩负着巨大的责任，其必须遵守职业道德和相关法律法规，确保财务报告的真实性和完整性。

本书每一章开篇都列出了明确的"学习目标"，旨在为读者指明该章的重点和学习方向。这些目标覆盖了读者需要掌握的关键知识点和技能，帮助读者明确学习的重点和难点，有针对性地进行学习。每一章章后均设有"本章小结"和"本章练习题"，帮助读者巩固所学知识，同时也为后续章节的学习打下坚实的基础。

贯彻和落实党的二十大精神，作者于每章章后设立了"立德育人"栏目，旨在通过具体的案例和情境，深化学生对会计职业道德和社会责任的理解。每个案例都经过精心设计，围绕会计人员在日常工作中可能遇到的伦理困境和决策挑战展开。通过这些案例的学习与讨论，读者不仅能掌握会计专业知识，还能形成正确的价值观和职业操守。

"立德育人"栏目强调会计不仅仅是技术层面的工作，更是关乎诚信、公正和责任的职业。它鼓励学生思考如何在复杂的商业环境中坚守原则，做出既符合法律规定又能体现高尚品德的决策，从而为其将来成为一名优秀的会计专业人才奠定了坚实的道德基础。财务造假之所以某种程度上成为顽疾，部分是因为会计准则的复杂性以及对财务结果的追求可能促使某些人为了短期利益而牺牲诚信。此外，监管不足、内部控制失效和道德沦丧也可能导致这些问题的发生。因此，会计教育不仅要传授专业知识，还应强调伦理和法律的重要性，培养学生的批判性思维和职业操守。

要想学好会计，首先，就要有扎实的理论基础，包括理解会计要素、会计科目、借贷记账法等基本概念，并掌握会计报表的编制和分析技巧。其次，实践操作至关重要，通过实习和实际案例分析，可以加深对会计流程的理解。最后，持续学习和适应变化的能力也不可或缺，因为会计准则和财务环境是不断发展变化的。

本书将带你了解会计学科，它涵盖了会计要素、会计科目、借贷记账法、会计报表编制与分析，以及会计职业资格评价等关键领域。书中我们还将探讨会计的法律框架，包括会计法规体系和相关法律，以及会计职业资格的获取路径，如会计职称考试和注册会计师考试。此外，书中也会涉及高级会计主题，如合并报表、权益法、公允价值会计和财务报表分析，帮你建立全面的会计知识体系。

通过本书的学习，你将理解会计的本质，了解会计的核心技能，从而为未来的职业生涯奠定坚实的基础。无论你将成为一名会计师、财务分析师，还是企业的财务管理者，抑或创业人士，本书都将为你提供宝贵的指导和借鉴。下面，让我们一起探索会计的奥秘，开启一段充满挑战和机遇的旅程吧！

作　者

2024 年 10 月

目录

第一章

快速入门：十个分录学记账

学习目标

1.理解：会计要素、会计科目的含义。

2.掌握：借贷记账法的操作要领，通过复式记账来理解会计的本质。

3.掌握：实账户和虚账户结账的异同。

　　会计究竟是干什么的？咱们第一章遵循"实践—认识—再实践—再认识"的认识论原理，以神州美食股份公司手工记账的情形为例，帮助同学们快速入门，初步掌握会计核算的基本技能。

　　为了帮助同学们从总体上把握会计管理的工作内容和意义，本章暂时略去增值税的相关知识，相关内容放到第三章中另行探讨。

第一节　起步知识

　　财政部会计财务评价中心编著的《初级会计实务》给出的会计定义，是"以货币为主要计量单位，采用专门方法和程序，对企业和行政、事业单位的经济活动进行完整的、连续的、系统的核算和监督，以提供经济信息和反映受托责任履行情况为主要目的的经济管理活动"。[①]

> **专栏1-1　扩展阅读**
>
> 　　本书认为，从本质上讲，会计是基于货币计量，根据法律事实对法律主体的法律关系（权利和义务）的变动及其原因进行分类统计的管理活动，服务于公平和效率两大目标。公平目标是指会计信息对于利害关系人要具备公益性、公信力；效率目标是指会计要有益于提高管理效率。这个定义同时适用于政府会计（行政事业单位）、企业会计、民间非营利组织会计等多种情形。
>
> 　　对企业会计来说，其职能就是通过记录企业的法律事实，为企业经营管理和国民经济管理提供具有法律证明力的财产权利和业绩信息，依法记账、依法纳税、依法分配是其主要内容。

　　《中华人民共和国会计法》规定，各单位应当根据会计业务的需要设置会计机构，或者在有关机构中设置会计人员并指定会计主管人员；不具备设置条件的，应当委托经批准设立从事会计代理记账业务的中介机构代理记账。

　　会计机构内部应当建立稽核制度。根据《中华人民共和国会计法》

---

① 财政部会计财务评价中心. 初级会计实务［M］. 北京：经济科学出版社，2024.

的规定，出纳人员不得兼任稽核、会计档案保管，和收入、支出、费用、债权债务账目的登记工作。

一、会计要素

为了实现对企业经营活动的控制，公司需要记录其资产的增减变动。企业的资产负债表中的"资产"，主要是企业的物权、债权、知识产权和股权。大家在学习《会计学》的时候，最好能同步学习《中华人民共和国民法典》（以下简称《民法典》）等相关学科的知识，把自己培养成能够掌握跨学科技能的复合型人才。

在公司成立之初，公司的资产要么是股东投入的本钱所形成的（所有者权益，或者称作净资产），要么就是借来的钱所形成的（负债）。因此，存在以下平衡公式：

资产=负债+所有者权益

这个公式的左边表示资金的占用形态，右边表示资金的来源。它简明扼要地表达了"资金占用合计数等于资金来源合计数"这个朴素的思想。会计要素在财务报表中的体现如图1-1所示。

这种平衡关系就是资产负债表的设计原理。

为了得出具有公信力的业绩数据，便于履行企业的纳税义务、评价企业业绩，公司需要记载其经营活动所收到的对价（广义的收入）和所付出的代价（广义的费用），并据此计算当期的利润。因此，存在以下平衡公式：

收入−费用=利润

这种平衡关系是编制利润表的基础。

资产、负债、所有者权益、收入、费用、利润等六大类信息，是企业经营管理所必需的。会计学中称这六大类为"会计要素"。通俗地说，会计要素是指对所要记载的会计信息的大致分类。

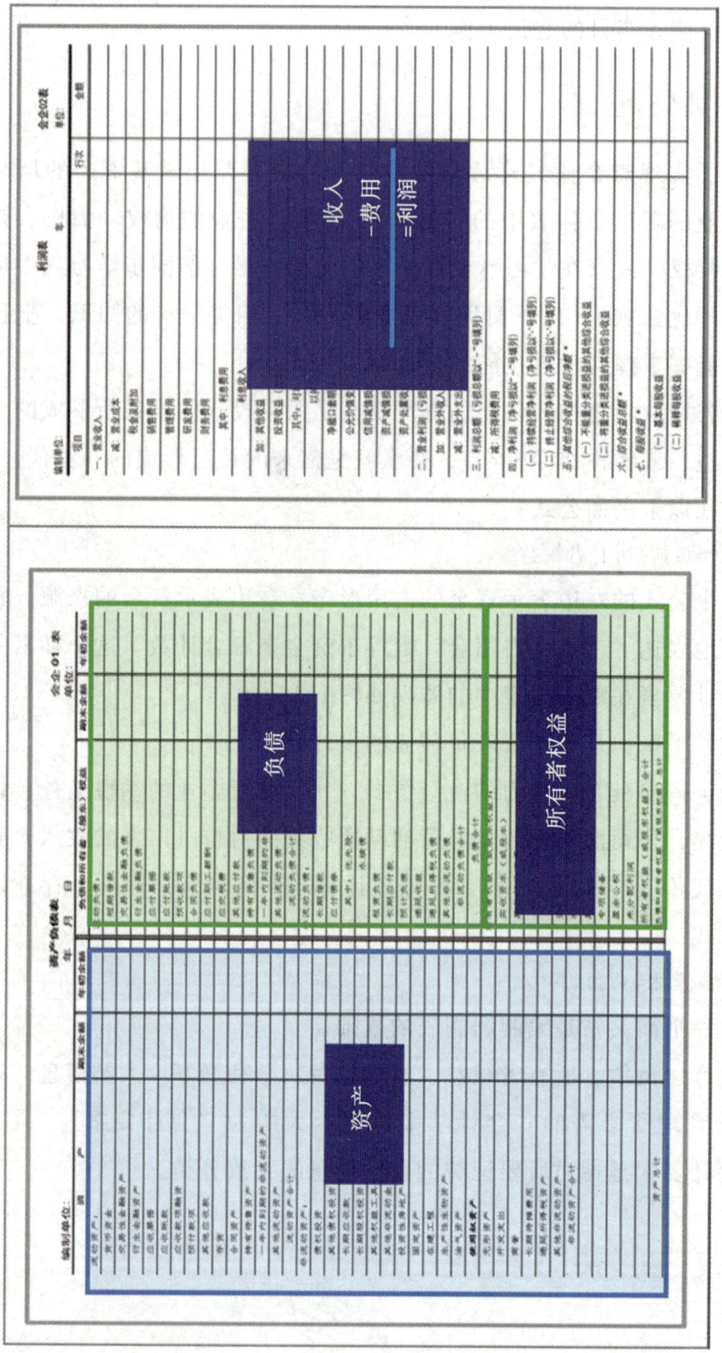

图1-1　会计要素在财务报表中的体现

二、会计科目

如果对会计要素作进一步细分，则可以确定总账账户的名称。由于"账户名称"又称"会计科目"，因此总账账户的名称又称"一级科目"。

请大家仔细看表1-1，细细揣摩会计要素与总账账户（或者说一级科目）之间的关系。

表1-1　　　　　　　　　会计要素与总账账户的关系

一、资产	三、所有者权益	五、费用
银行存款	股本	主营业务成本
库存商品	资本公积	其他业务成本
固定资产	未分配利润	销售费用
		管理费用
二、负债	四、收入	财务费用
短期借款	主营业务收入	所得税费用
长期借款	其他业务收入	
		六、利润
		本年利润

"资产"要素，可进一步细分出"银行存款""库存商品""固定资产"等一级科目（或者说总账科目）。

"负债"要素，可进一步细分出"短期借款""长期借款"等一级科目（或者说总账科目）。

"所有者权益"要素，可进一步细分出"股本""资本公积""未分配利润"等一级科目（或者说总账科目）。

"收入"要素，可进一步细分出"主营业务收入""其他业务收入"等一级科目（或者说总账科目）。

"费用"要素，可进一步细分出"主营业务成本""其他业务成本""销售费用""管理费用"等一级科目（或者说总账科目）。

"利润"要素下的账户有"本年利润"等。

大多数报表项目与一级科目是一致的。以资产负债表为例，会计要素、一级科目与财务报表项目的关系如图1-2所示。

资产负债表

神州美食股份公司		20×2年12月31日		单位：元
资产	金额	负债和所有者权益		金额
流动资产：		流动负债：		
货币资金[库存现金、银行存款计入此项目]		短期借款		
存货[库存商品等计入此项目]			负债	
……		非流动负债：		
		长期借款		
非流动资产：		……		
固定资产	资产	负债合计		
……		所有者权益：		
		股本	所有者权益	
		资本公积		
		未分配利润		
……				
		所有者权益合计		
资产总计		负债和所有者权益总计		

图1-2　会计要素、一级科目与会计报表项目的关系

专栏1-2　关于会计科目设置的规定

　　企业设置会计科目时，应当符合国家统一的会计制度的规定（合法性原则），应当为提供有关各方所需要的会计信息服务（相关性原则），应当符合单位自身的特点、满足单位的实际需要（实用性原则）。

　1.原则要求

　　在不违背会计科目使用原则的基础上，在不影响会计核算和会计报表指标汇总、不影响对外提供统一的财务会计报告的前提下，企业可根据具体情况确定适用于本企业的会计科目名称，可以自行增设、减少或合并某些会计科目。

　2.科目编号

　　《企业会计准则——应用指南》统一规定了会计科目的编号，以便实行会计电算化，企业不应当随意打乱重编。

　3.明细科目

　　除会计法规另有规定者外，在不违反统一会计核算要求的前提下，企业可以根据需要自行确定明细科目。

三、设置账户

　　你想要记载什么信息，把账户名称（会计科目）标注在账页上方就行了。这样，你就学会设置账户了。账页与开立账户示例如图1-3所示。

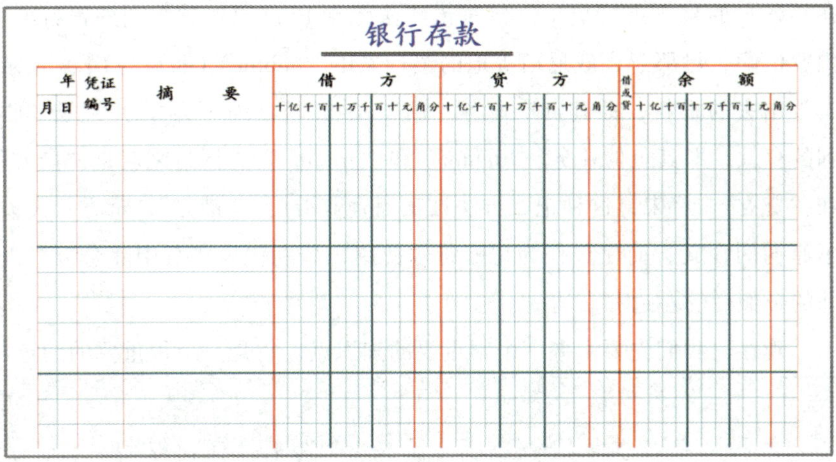

图 1-3 账页与开立账户示例

四、借贷记账法

《企业会计准则——基本准则》第十一条规定，企业应当采用借贷记账法记账。在三栏式账页（分三栏记载金额的增加、减少和余额的账页）上面，我们可以看到"借方""贷方"字样。借贷记账法下的三栏式账页（示意图）如图 1-4 所示。

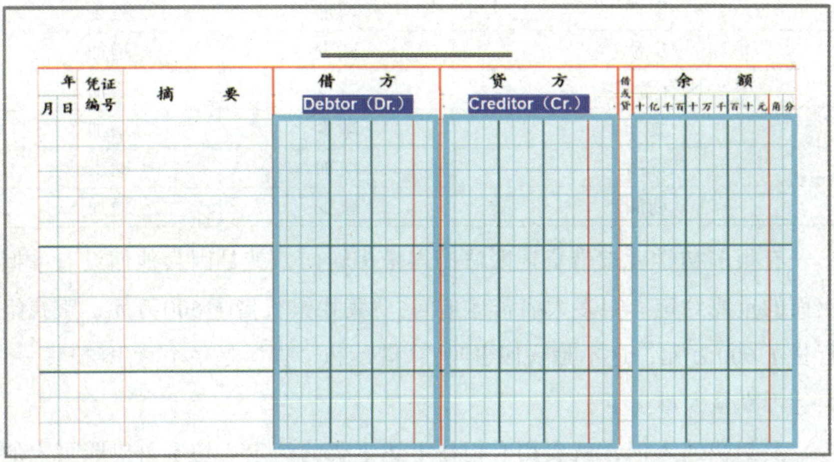

图 1-4 借贷记账法下的三栏式账页（示意图）

采用"借""贷"作为记账符号的记账方法被称为借贷记账法。一般地，"借记某账户"是指在某账户的借方进行登记，"贷记某账户"是指在某账户的贷方进行登记。借贷记账法源于 13 世纪初意大利的银行业。佛罗伦萨、热那亚、威尼斯等地的银行家用"debtor"（缩写为 Dr.）记录其放出去的贷款，即其资产业务，用"creditor"（缩写为 Cr.）记录其收到的存款，即其负债业务。"debtor"和"creditor"直译过来就是"借方"和"贷方"。后来，这种记账方法被工商企业沿用。"借方""贷方"失去了原初的含义，而仅仅作为记账符号使用，分别代表账页中除余额栏以外的金额栏的左边和右边。

现在，我们先要掌握一个很重要的知识点，它是一个很重要的约定。

专栏 1-3 约定

就账页中的"借方""贷方"所表示的增减方向，约定如下：对于资产类、费用类的账户，借方表示增加，贷方表示减少；对于负债类、所有者权益类、收入类、利润类的账户，贷方表示增加，借方表示减少。

以上面的约定为基础，我们可以将借贷记账符号对不同会计要素的含义大致归纳如下（见表 1-2）：

表 1-2　　　　借贷记账符号对不同会计要素的含义

会计要素	账户借方	账户贷方
资产	增加	减少
负债	减少	增加
所有者权益	减少	增加
收入	减少	增加
费用	增加	减少
利润	减少	增加

有很多初学者被借贷记账法搞得晕头转向，就是因为他们没有掌握上面的重要约定。很多人痛苦地追问："我找银行借了 600 万元，跟找银行贷了 600 万元，这不是一回事吗？'借'和'贷'是一个意思呀！——会计可真是太难学了。"

要想快速入门，就要用心记住上述重要的约定。切不可对账页上的"借""贷"符号望文生义。它们仅仅是记账符号。资产类和费用类账户的借方表示增加。

本书会用到的会计科目见表 1-3，现在请盯着这张表，我们再来练习一下。

表1-3　　　　　　　　　　　本书会用到的会计科目

一、资产类科目 　银行存款 　库存商品 　固定资产 二、负债类科目 　短期借款 　长期借款	三、所有者权益类科目 　股本 　资本公积 　未分配利润* 四、收入类科目 　主营业务收入 　其他业务收入	五、费用类科目 　主营业务成本 　其他业务成本 　销售费用 　管理费用 　财务费用 　所得税费用 六、利润类科目 　本年利润

*注：为便于初学者理解，这里将现行会计准则所称"利润分配——未分配利润"简化为"未分配利润"。

"银行存款""库存商品""固定资产"等资产类账户，其增加额记在借方还是贷方呢？根据前面的重要约定，资产类账户的增加额记在借方。

"长期借款"这个负债类账户的增加额记在借方还是贷方呢？根据前面的重要约定，负债类账户的增加额记在贷方。

"股本""资本公积""未分配利润"等所有者权益类账户，其增加额记在借方还是贷方呢？根据前面的重要约定，所有者权益类账户的增加额记在贷方。

"主营业务成本""其他业务成本""销售费用""管理费用"等费用类账户，其增加额记在借方还是贷方呢？根据前面的重要约定，费用类账户的增加额记在借方。

"本年利润"这个利润类账户的增加额，记在借方还是贷方呢？根据前面的重要约定，利润类账户的增加额记在贷方。

你可能已经体会到，前面的重要约定实在太重要了。我们约定了什么？我们约定：资产类和费用类账户的借方表示增加。

现在，我们可以设置账簿和账户，准备开始记账了。

五、启用账簿

1.设置总账

先来设置总账的账簿和账户。在手工记账的情形下，公司的会计主管通常负责登记本公司的总账账簿（总账账户的账页合订本）。会计账簿的设置如图1-5所示。

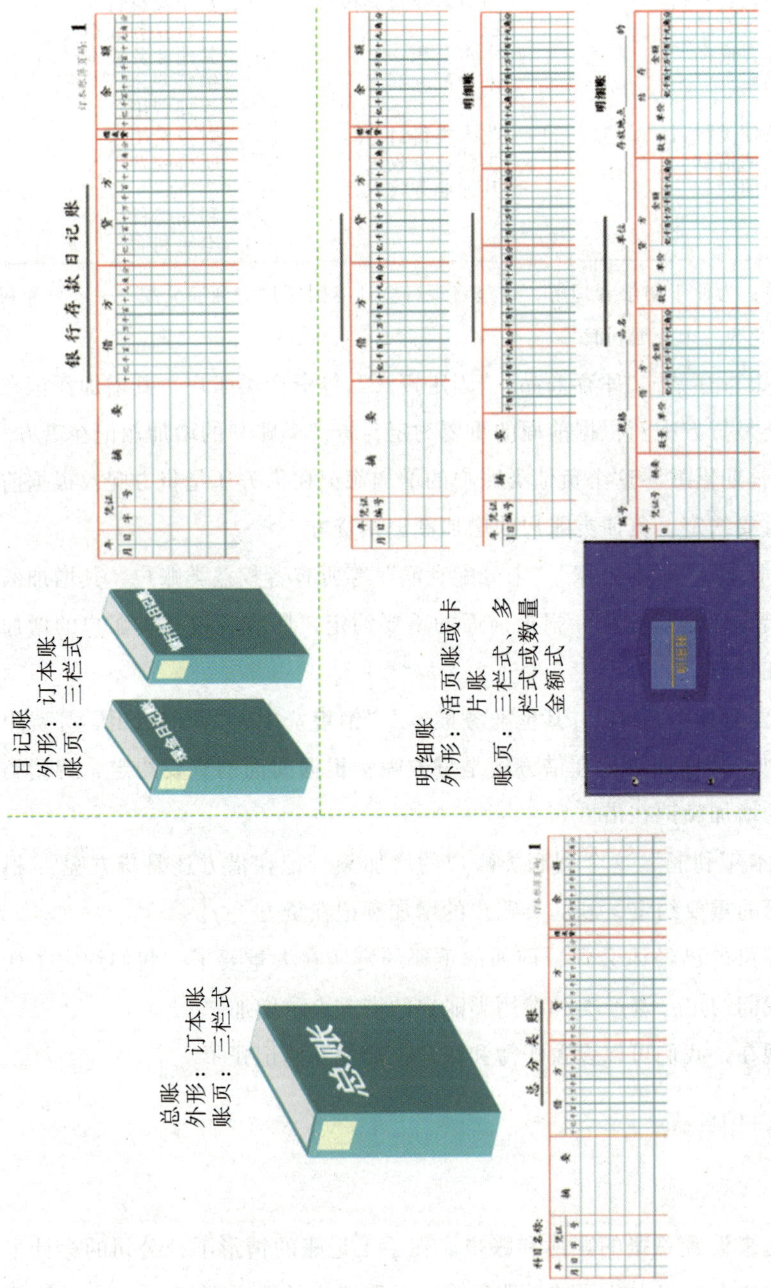

日记账：订本账
外形：订本账
账页：三栏式

明细账
外形：活页账或卡片账
账页：三栏式或多栏式或数量金额式

总账
外形：订本账
账页：三栏式

图1—5 会计账簿的设置

　　总账账簿在外形上属于订本式账簿（账页装订成册并连续编号），其账页格式均为三栏式。总账账簿需要为各个总账账户预留页码，并在目录页中标明。总账账户的名称就是前面所说的会计科目（一级科目）。总账账簿封面、扉页和账户目录如图1-6所示。

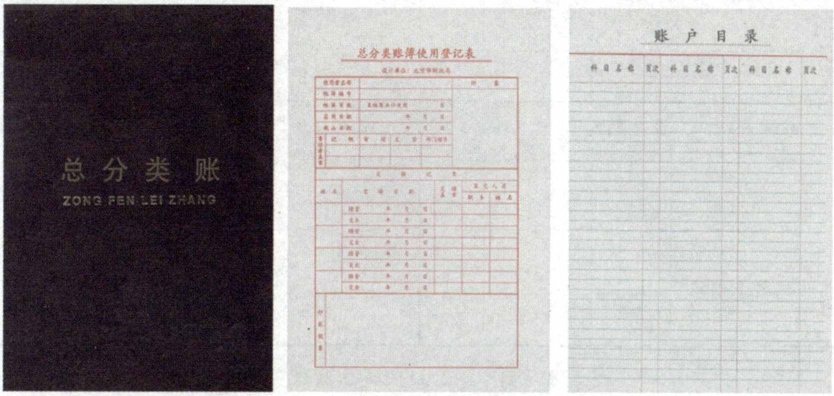

图1-6　总账账簿封面、扉页和账户目录

　　三栏式账页如图1-7所示。

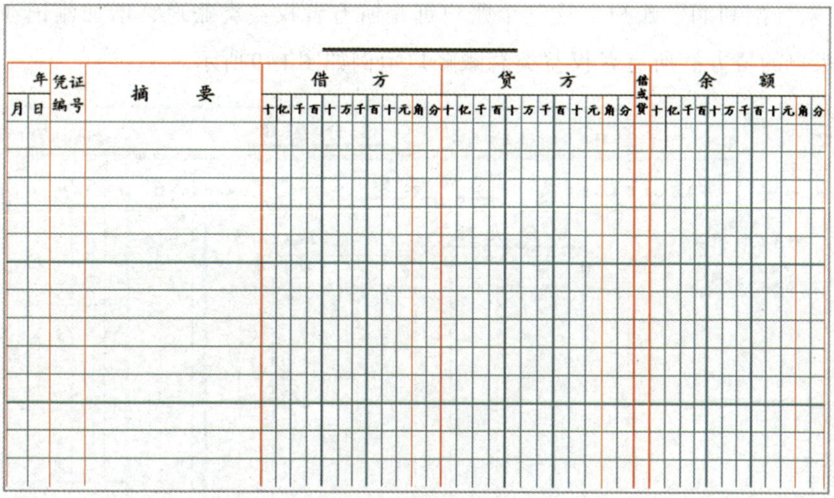

图1-7　三栏式账页

　　现在，大家看到的是神州美食股份公司的总账账簿。这个订本账每一个账页的右上角，都已经预先编好了号码。

　　编号1是"银行存款"账户，编号2是"库存商品"账户，编号3是"固定资产"账户。这三个账户都是资产类账户。前面我们已经知道，它们的增加额记在账户的借方。资产类、负债类总账账户示例如图1-8所示。

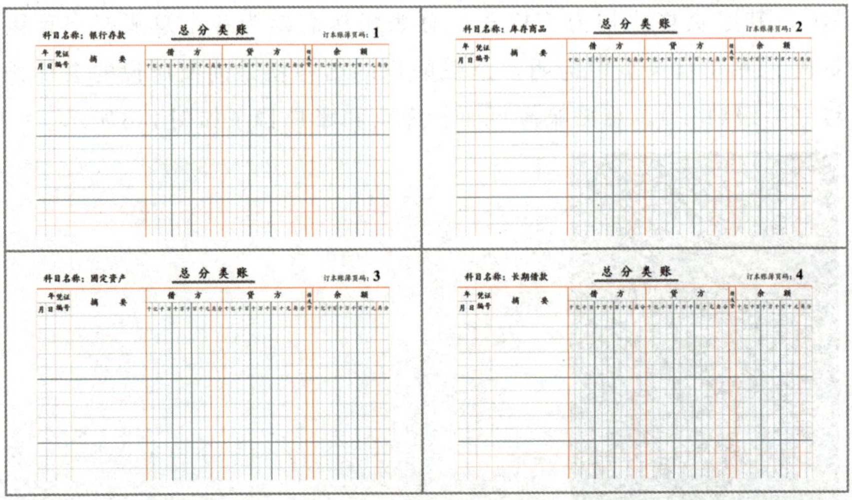

图1-8　资产类、负债类总账账户示例

编号4是"长期借款"账户，它的增加额记在账户的贷方。

编号5是"股本"账户，编号6是"资本公积"账户，编号7是"未分配利润"账户。这三个账户都是所有者权益类账户，增加额记在账户的贷方。所有者权益类总账账户示例如图1-9所示。

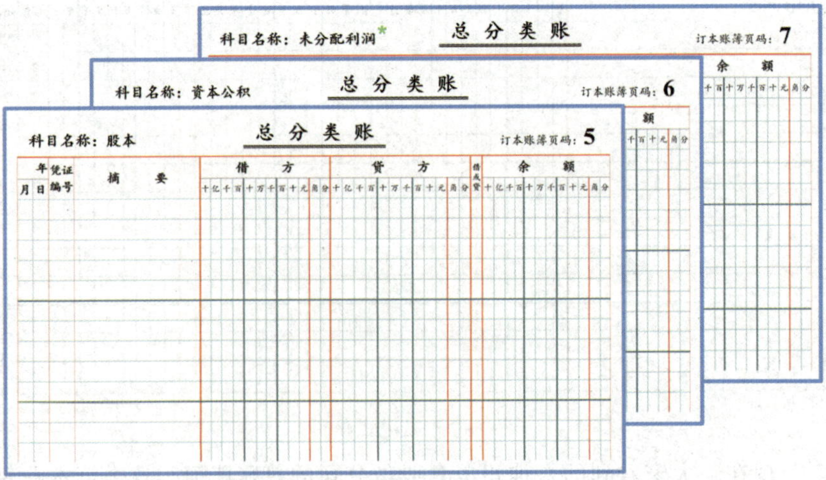

*注：为便于理解，这里将现行会计准则所称"利润分配——未分配利润"简化为"未分配利润"。

图1-9　所有者权益类总账账户示例

编号8是"主营业务收入"账户，编号9是"其他业务收入"账户。这两个账户都是收入类账户，增加额记在账户的贷方。收入类总账账户示例如图1-10所示。

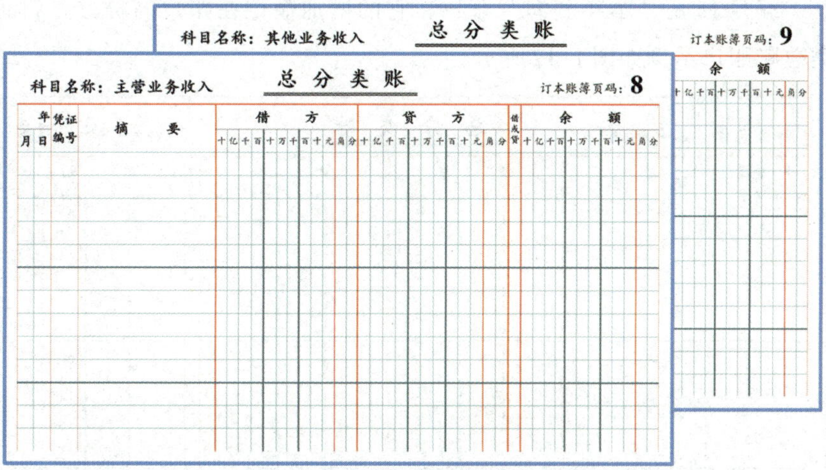

图1-10　收入类总账账户示例

编号10是"主营业务成本"账户，编号11是"其他业务成本"账户，编号12是"销售费用"账户，编号13是"管理费用"账户，编号14是"所得税费用"账户。这5个账户都是费用类账户，它们的增加额记在账户的借方。费用类总账账户示例如图1-11所示。

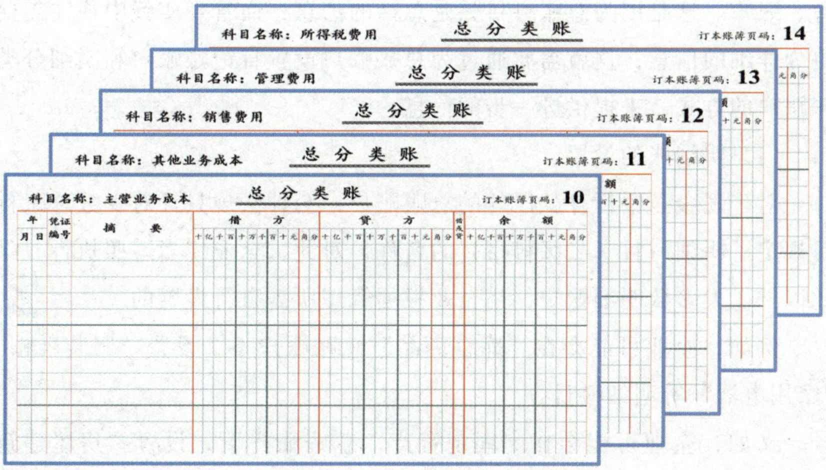

图1-11　费用类总账账户示例

你可能会觉得，"所得税费用"这个词读起来"怪怪的"。你的感觉是对的。业界对此存在较大争议。在高级会计学课程中，将会探讨其理论问题。在快速入门阶段，不妨将其理解为通常所说的"所得税"。

编号15是"本年利润"账户，它的增加额记在账户的贷方。利润类总账账户示例如图1-12所示。

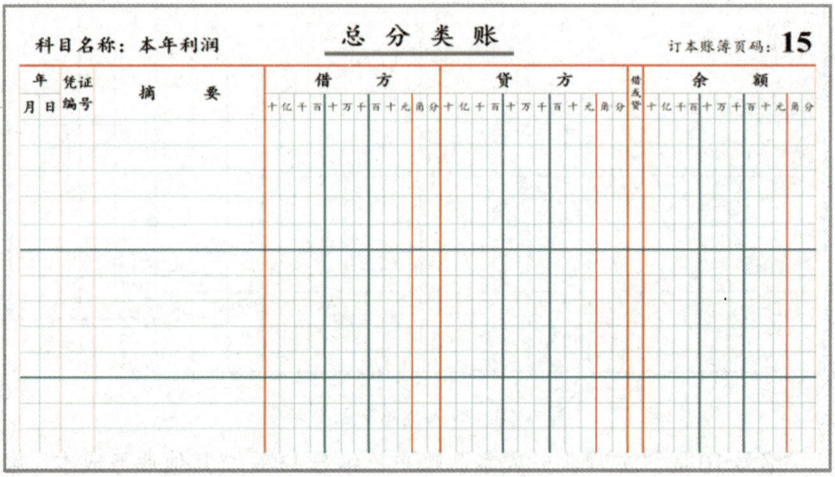

图1-12　利润类总账账户示例

2.设置日记账和明细账

在设置总账账簿以后，还要设置日记账账簿、账户，以及明细账账簿、账户。这是因为总账科目只是总括的信息，而管理实践中往往需要更为详细的信息，这就需要通过为总账账户设置日记账账户和明细分类账账户的方式，来提供进一步的信息。

（1）明细账的设置

对于现金、银行存款以外的总账账户，会计法规只针对少数总账科目规定了明细科目（二级科目）的名称，对此，企业应当遵照执行。除此以外，大多数明细账户，是企业根据管理所需自行设置的。

例如，企业可能会在"库存商品"总账账户下，设置"服装鞋帽""家用电器"等明细科目。

又如，企业可能会在"固定资产"总账账户下，设置"房屋建筑物""机器设备"等明细科目。总账科目和明细科目的关系见表1-4。

表1-4　　　　　　　　　　　总账科目和明细科目的关系

总账科目 （一级科目）	二级科目	三级科目	×级科目
库存商品	服装鞋帽	男装	……
		女装	……
		鞋帽	……
		……	……
	家用电器	信息家电（3C）	……
		厨房电器	……
		……	……
	……	……	……
固定资产	房屋建筑物	总部办公大楼	……
		车间厂房	……
		独立展销厅	……
		……	……
	机器设备	车床	……
		刨床	……
		……	……
	……	……	……

　　明细账账簿在外形上属于活页式账簿，即平时在活页账上登记，不装订。定期将活页账装订成册（一般按月份、季度或年份定期装订），另加封面。明细账账户示例如图1-13所示。

　　明细账账簿可以根据管理的实际需要，选择使用三栏式账页、多栏式账页和数量金额式账页。

　　前面已经提到，三栏式账页也就是设有借方、贷方、余额这三栏，来记载金额的增加、减少和余额的账页。其中，资产类和费用类账户的借方表示增加。

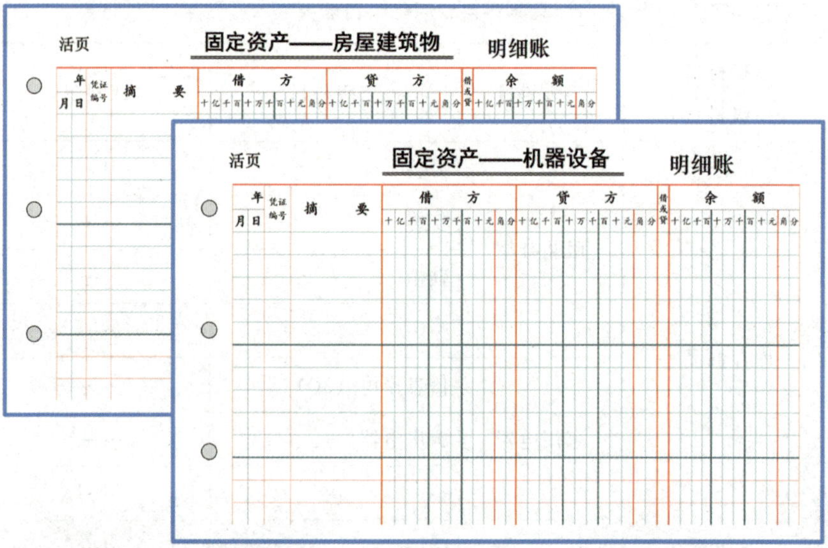

图 1-13　明细账账户示例

多栏式账页是在借方和（或）贷方按需要分设若干专栏的账页。收入类、费用类总账的明细账常常采用这种账页。多栏式明细账账页如图 1-14 所示。

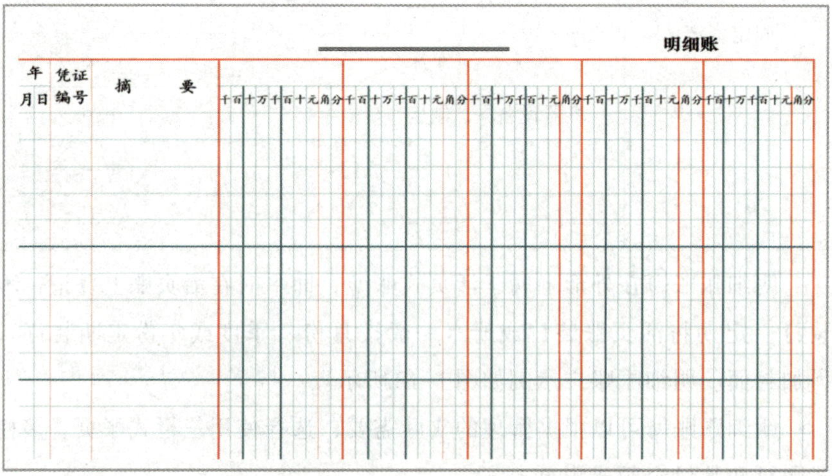

图 1-14　多栏式明细账账页示例

数量金额式账页是在借方、贷方和余额三个栏目内，分设数量、单价和金额栏的账页，用于记载财产物资的实物数量、单价和金额。原材料、库存商品等存货的明细账，一般采用数量金额式账页。多栏式数量金额式明细账账页如图1–15所示。

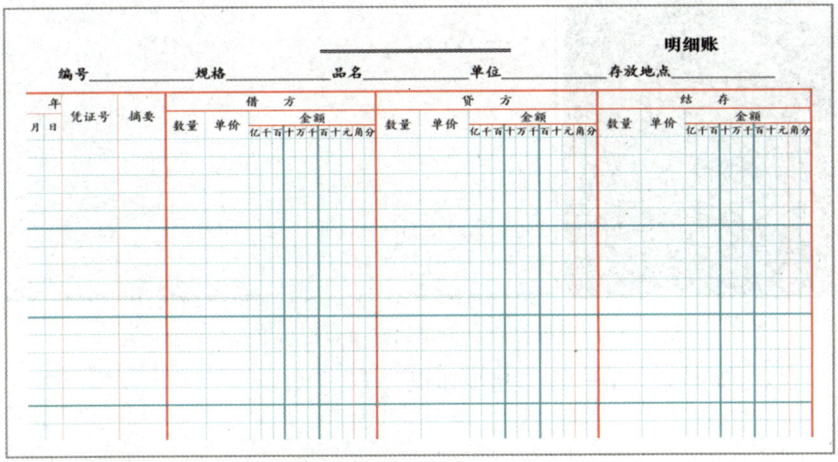
明细账

编号______ 规格______ 品名______ 单位______ 存放地点______

年		凭证号	摘要	借方			贷方			结存		
月	日			数量	单价	金额 亿千百十万千百十元角分	数量	单价	金额 亿千百十万千百十元角分	数量	单价	金额 亿千百十万千百十元角分

图1–15　多栏式数量金额式明细账账页示例

为避免陷入技术细节，我们的“快速入门”部分在记账的时候，只展示采用三栏式账页的明细账。

（2）日记账的设置

对于库存现金和银行存款的总账账户，为了及时反映库存现金、银行存款的收款、付款、结存情况，各单位应设置库存现金日记账账簿和银行存款日记账账簿，对每一笔业务进行逐笔登记。

日记账账簿是为了加强现金管理而设置的特种账簿，由出纳人员负责登记，并定期与总账账簿核对。无论银行存款总账是否设有明细账，都必须配置日记账账簿。

《会计基础工作规范》要求银行存款日记账和库存现金日记账采用订本式账簿，账簿中的账页为三栏式账页。银行存款日记账的账簿封面、扉页和账页如图1–16所示。

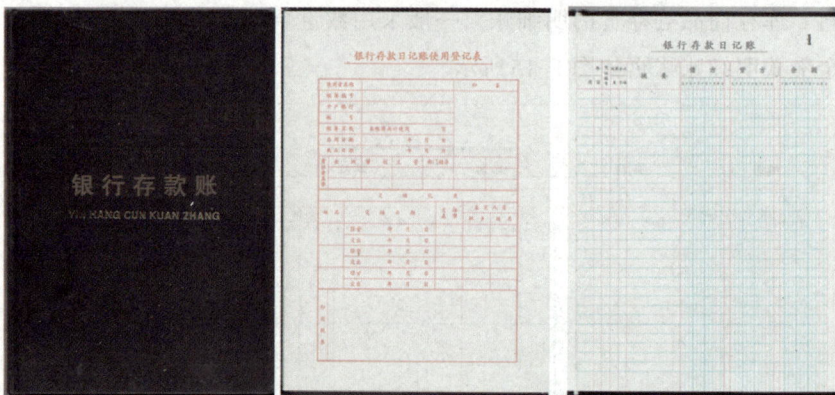

图1-16　银行存款日记账的账簿封面、扉页和账页

以上就是第一节——"起步知识"。

第二节　记　账

现在，我们运用前面了解的简单的起步知识，直接动手记账。你将会留下自己的学习记录。在这一小节，请大家认真记账，学会计你会发现像孩童时期学骑自行车一样快乐。另外，要避免陷入"只看不练""眼高手低"等常见误区。

【公司背景】

一群实体经济的建设者于20#2年12月发起设立神州美食股份公司。公司章程、营业执照中注明的营业范围为主营饮食服务，兼营货物运输（不含危险货物）等服务，分别由餐饮服务部和物流服务部这两个事业部负责以上具体业务。

以下分记账、对账和结账、编制财务报表三个部分，阐释该公司在设立当月所进行的会计处理。

【例1-1】神州美食股份公司的第1项业务是：20#2年12月1日，公司发行股份600万股，每股面值1元。共收到股东投资款3 400万元，已经存入银行。

我们先来分析一下这项业务对企业的影响。公司的银行存款增加3 400万元，公司股本增加600万元。依照《中华人民共和国公司法》，超面额缴入的股本 2 800 万元计入资本公积，你可以把它理解为"资本投入者所共同拥有的公共积累"。"银行存款"属于资产类账户，根据前面提到的重要约定，其增加额应当记入账户的借方；"股本""资本公积"属于所有者权益类账户，根据前面提到的重要约定，其增加额应当记入账户的贷方。

经过分析，企业应当借记"银行存款"账户 3 400 万元，贷记"股本"账户 600 万元，贷记"资本公积"账户 2 800 万元。

我们现在来进行第 1 项业务的会计处理。要记住，根据《中华人民共和国会计法》第九条的规定，记账行为必须具有原始凭证的支持。[①]

"原始凭证"（source document，original evidence）就是能够直接证明相关法律事实的证据。原始凭证常常是庞杂无序的，需要进行分析、归纳，以便形成总结性的、可以据以登记账簿的凭证，也就是"记账凭证"（accounting voucher，entry document）。原始凭证和记账凭证统称为"会计凭证"。

会计人员根据公司章程，以及银行出具的收款证明等原始凭证，填制第 1 号记账凭证（如图 1-17 所示），并将原始凭证附于其后。

记 账 凭 证　　　凭证号：1

20#2 年 12 月 1 日　　　附件＿＿张

摘 要	总账科目	明细科目	√	借方金额	√	贷方金额
接受股东投资	银行存款		√	3 4 0 0 0 0 0 0 0 0		
	股本				√	6 0 0 0 0 0 0 0 0
	资本公积	股本溢价			√	2 8 0 0 0 0 0 0 0 0

会计主管：潘×伦　　记账人：徐×祚　　审核人：谢×　　填制人：蔡×勇

图 1-17　第 1 号记账凭证示例

12 月 1 日，公司接受股东投资，应借记"银行存款"账户 3 400 万元，贷记"股本"账户 600 万元，贷记"资本公积"账户 2 800 万元。

总账记账人员根据记账凭证，在 3 个总账账户中进行登记。

"银行存款"账户，12 月 1 日，根据第 1 号记账凭证，在借方登记

---

① 《中华人民共和国会计法》第九条规定，各单位必须根据实际发生的经济业务事项进行会计核算，填制会计凭证，登记会计账簿，编制财务会计报告。任何单位不得以虚假的经济业务事项或者资料进行会计核算。

3 400万元，如图1-18所示。

科目名称：银行存款			总 分 类 账				订本账簿页码：**1**	
年	凭证	摘 要	借 方	贷 方	借或贷	余 额		
月 日	编号		十亿千百十万千百十元角分	十亿千百十万千百十元角分		十亿千百十万千百十元角分		
12 1	1	接受股东投资	3 4 0 0 0 0 0 0 0					

图1-18 "银行存款"总分类账示例

"股本"账户，12月1日，根据第1号记账凭证，在贷方登记600万元，如图1-19所示。

科目名称：股本			总 分 类 账				订本账簿页码：**5**	
年	凭证	摘 要	借 方	贷 方	借或贷	余 额		
月 日	编号		十亿千百十万千百十元角分	十亿千百十万千百十元角分		十亿千百十万千百十元角分		
12 1	1	接受股东投资		6 0 0 0 0 0 0 0				

图1-19 "股本"总分类账示例

"资本公积"账户，12月1日，根据第1号记账凭证，在贷方登记2 800万元，如图1-20所示。

科目名称：资本公积			总 分 类 账				订本账簿页码：**6**	
年	凭证	摘 要	借 方	贷 方	借或贷	余 额		
月 日	编号		十亿千百十万千百十元角分	十亿千百十万千百十元角分		十亿千百十万千百十元角分		
12 1	1	接受股东投资		2 8 0 0 0 0 0 0 0				

图1-20 "资本公积"总分类账示例

以上我们根据记账凭证登记账簿的行为，就是会计学所称的"过账"（posting）。过账之后，可以在记账凭证上画对号"√"，以免漏记或者重复登记。出纳员根据记账凭证，在银行存款日记账中进行记载。这里略去，不再展示。以下凡涉及银行存款的业务，在登记总账的同时，一律在日记账中作相应的记载，这里不再赘述。

【例1-2】神州美食股份公司的第2项业务是：12月6日，动用银行存款1 533万元购进固定资产，其中：房屋建筑物1 333万元；机器设备200万元。为简化示例，增值税一律从略。

我们先来分析一下这项业务对企业的影响。公司的固定资产增加了1 533万元。“固定资产”属于资产类账户，其增加额应当记入账户借方。“银行存款”的减少额1 533万元，应记入账户贷方。

为了加强资产管理，管理层决定在“固定资产”总账账户下，设置“固定资产——房屋建筑物”“固定资产——机器设备”两个明细账户进行明细核算。经过分析，应当借记“固定资产”账户1 533万元，贷记“银行存款”账户1 533万元。同时，在明细账中，应当借记“固定资产——房屋建筑物”账户1 333万元，借记“固定资产——机器设备”账户200万元。

现在，我们来进行第2项业务的会计处理。根据发票、买卖合同、付款证明、验收证明等原始凭证，填制第2号记账凭证，如图1-21所示。

记　账　凭　证　　凭证号：2

20#2 年 12 月 6 日　　附件___张

摘　要	总账科目	明细科目	√	借方金额										√	贷方金额									
				千	百	十	万	千	百	十	元	角	分		千	百	十	万	千	百	十	元	角	分
购入固定资产	固定资产	房屋建筑物	√	1	3	3	3	0	0	0	0	0	0											
	固定资产	机器设备	√		2	0	0	0	0	0	0	0	0											
	银行存款													√	1	5	3	3	0	0	0	0	0	0

会计主管：潘×伦　记账人：徐×祚　审核人：谢 ×　填制人：蔡×勇

图1-21　第2号记账凭证示例

12月6日，公司购入固定资产，应借记“固定资产”账户1 533万元，贷记“银行存款”账户1 533万元。同时，应借记“固定资产——房屋建筑物”账户1 333万元，借记“固定资产——机器设备”账户

200 万元。

　　根据第 2 号记账凭证，总账记账人员在"固定资产""银行存款"这两个总账账户中进行记录。

　　"固定资产"账户，12 月 6 日，根据第 2 号记账凭证，在借方登记 1 533 万元，如图 1-22 所示。

科目名称：固定资产		总 分 类 账			订本账簿页码：**3**
年 月 日	凭证编号	摘　要	借　方 十亿千百十万千百十元角分	贷　方 十亿千百十万千百十元角分	借及贷	余　额 十亿千百十万千百十元角分
12 6	2	购入固定资产	1 5 3 3 0 0 0 0 0			

图 1-22　"固定资产"总分类账示例

　　"银行存款"账户，12 月 6 日，根据第 2 号记账凭证，在贷方登记 1 533 万元，如图 1-23 所示。

科目名称：银行存款		总 分 类 账			订本账簿页码：**1**
年 月 日	凭证编号	摘　要	借　方 十亿千百十万千百十元角分	贷　方 十亿千百十万千百十元角分	借及贷	余　额 十亿千百十万千百十元角分
12 1	1	接受股东投资	3 4 0 0 0 0 0 0 0			
12 6	2	购入固定资产		1 5 3 3 0 0 0 0 0		

图 1-23　"银行存款"总分类账示例

　　明细账记账人员在"固定资产——房屋建筑物""固定资产——机器设备"这两个明细账中进行记录。会计学中，把在总账及其所属的明细账中同时进行账目记载的做法称为"平行登记"。

　　"固定资产——房屋建筑物"明细账，12 月 6 日，根据第 2 号记账凭证，在借方登记 1 333 万元，如图 1-24 所示。

图1-24　"固定资产——房屋建筑物"明细账户示例

"固定资产——机器设备"明细账，12月6日，根据第2号记账凭证，在借方登记200万元，如图1-25所示。

图1-25　"固定资产——机器设备"明细账户示例

【例1-3】神州美食股份公司的第3项业务是：12月6日，公司通过银行转账缴纳广告费30.1万元，聘请某广告公司面向企业客户和家庭客户开展精准营销。我们来分析一下这项业务对企业的影响。公司的销售费用为30.1万元。"销售费用"属于费用类账户，其增加额应记入该账户借方；"银行存款"账户减少额30.1万元，应记入贷方。

经过分析，应当借记"销售费用"账户30.1万元，贷记"银行存款"账户30.1万元。

我们来进行第3项业务的会计处理。根据支付结算单据等原始凭证，填制第3号记账凭证。

12月6日，支付广告费，应当借记"销售费用"账户30.1万元，贷记"银行存款"账户30.1万元，如图1-26所示。

记 账 凭 证

凭证号：3

20#2 年 12 月 6 日

附件___张

摘　要	总账科目	明细科目	√	借方金额	√	贷方金额
				千百十万千百十元角分		千百十万千百十元角分
支付广告费	销售费用		√	3 0 1 0 0 0 0 0		
	银行存款				√	3 0 1 0 0 0 0 0

会计主管：潘×伦　　记账人：徐×祚　　审核人：谢×　　填制人：蔡×勇

图 1-26　第 3 号记账凭证示例

根据第 3 号记账凭证，总账记账人员在"销售费用""银行存款"账户中进行记录。

"销售费用"账户，12 月 6 日，根据第 3 号记账凭证，在借方登记 30.1 万元，如图 1-27 所示。

科目名称：销售费用　　　**总 分 类 账**　　　订本账簿页码：**12**

年 月 日	凭证编号	摘　要	借　方	贷　方	借或贷	余　额
			十亿千百十万千百十元角分	十亿千百十万千百十元角分		十亿千百十万千百十元角分
12 6	3	支付广告费	3 0 1 0 0 0 0 0			

图 1-27　"销售费用"总分类账示例

"银行存款"账户，12 月 6 日，根据第 3 号记账凭证，在贷方登记 30.1 万元，如图 1-28 所示。

科目名称：银行存款　　　**总 分 类 账**　　　订本账簿页码：**1**

年 月 日	凭证编号	摘　要	借　方	贷　方	借或贷	余　额
			十亿千百十万千百十元角分	十亿千百十万千百十元角分		十亿千百十万千百十元角分
12 1	1	接受股东投资	3 4 0 0 0 0 0 0 0 0			
12 6	2	购入固定资产		1 5 3 3 0 0 0 0 0 0		
12 6	3	支付广告费		3 0 1 0 0 0 0 0		

图 1-28　"银行存款"总分类账示例

【例1-4】该公司的第4项业务是：12月9日，公司动用银行存款500万元，购进餐饮服务所需的库存商品。这项业务使得公司的库存商品增加500万元。"库存商品"属于资产类账户，其增加额记入借方；"银行存款"账户的减少额500万元，记入贷方。经过分析，应当借记"库存商品"账户500万元，贷记"银行存款"账户500万元。

现在来进行第4项业务的会计处理。会计人员根据发票、买卖合同、付款证明、验收证明等原始凭证，填制第4号记账凭证。

12月9日，购入库存商品，应当借记"库存商品"账户、贷记"银行存款"账户500万元，如图1-29所示。

记 账 凭 证

凭证号：**4**

20#2 年 **12** 月 **9** 日

附件__张

摘　　要	总账科目	明细科目	√	借方金额		√	贷方金额
				千 百 十 万 千 百 十 元 角 分			千 百 十 万 千 百 十 元 角 分
购入库存商品	库存商品		√	5 0 0 0 0 0 0 0 0			
	银行存款					√	5 0 0 0 0 0 0 0 0

会计主管：潘×伦　　记账人：徐×祚　　审核人：谢×　　填制人：蔡×勇

图1-29　第4号记账凭证示例

根据第4号记账凭证，总账记账人员在"库存商品""银行存款"账户中进行记录。

"库存商品"账户，12月9日，根据第4号记账凭证，在借方登记500万元，如图1-30所示。

科目名称：**库存商品**

总 分 类 账

订本账簿页码：**2**

年		凭证编号	摘　　要	借　方	贷　方	借或贷	余　额
月	日			十亿千百十万千百十元角分	十亿千百十万千百十元角分		十亿千百十万千百十元角分
12	9	4	购入库存商品	5 0 0 0 0 0 0 0 0			

图1-30　"库存商品"总分类账示例

"银行存款"账户，12月9日，根据第4号记账凭证，在贷方登记500万元，如图1-31所示。

科目名称：银行存款		总分类账		订本账簿页码：**1**

图1-31　"银行存款"总分类账示例

【例1-5】该公司的第5项业务是：12月12日，公司承接一项重要会议的接待任务，收到餐饮服务部门的营业收入600万元、物流服务部门的营业收入300万元，款项均已存入银行。依照公司管理文件的规定，将前者记入"主营业务收入"账户，后者记入"其他业务收入"账户，以便于公司管理层评价各部门的业绩，把握业务导向。

这项业务使得公司的银行存款增加900万元，记入"银行存款"账户的借方。同时，主营业务收入增加600万元，其他业务收入增加300万元。"主营业务收入""其他业务收入"作为收入类账户，其增加额记入账户贷方。会计处理如下。

会计人员根据发票、收款证明等原始凭证，填制第5号记账凭证。

12月12日，将营业收入存入银行，应当借记"银行存款"账户900万元，贷记"主营业务收入"账户600万元，贷记"其他业务收入"账户300万元，如图1-32所示。

根据第5号记账凭证，总账记账人员在3个总账账户中进行记录。

"银行存款"账户，12月12日，根据第5号记账凭证，在借方登记900万元，如图1-33所示。

记 账 凭 证

凭证号：**5**

20#2 年 12 月 12 日

附件__张

摘　　要	总账科目	明细科目	√	借方金额 千百十万千百十元角分	√	贷方金额 千百十万千百十元角分
将营业收入存入银行	银行存款		√	9 0 0 0 0 0 0 0 0		
	主营业务收入				√	6 0 0 0 0 0 0 0 0
	其他业务收入				√	3 0 0 0 0 0 0 0 0

会计主管：潘×伦　　　记账人：徐×祚　　　审核人：谢×　　　填制人：蔡×勇

图 1-32　第 5 号记账凭证示例

科目名称：银行存款　　　　**总 分 类 账**　　　订本账簿页码：**1**

年 月 日	凭证 编号	摘　要	借　方 十亿千百十万千百十元角分	贷　方 十亿千百十万千百十元角分	借或贷	余　额 十亿千百十万千百十元角分
12 1	1	接受股东投资	3 4 0 0 0 0 0 0 0 0			
12 6	2	购入固定资产		1 5 3 3 0 0 0 0 0 0		
12 6	3	支付广告费		3 0 1 0 0 0 0 0 0		
12 9	4	购入库存商品		5 0 0 0 0 0 0 0 0		
12 12	5	将营业收入存入银行	9 0 0 0 0 0 0 0 0			

图 1-33　"银行存款"总分类账示例

"主营业务收入"账户，12 月 12 日，根据第 5 号记账凭证，在贷方登记 600 万元，如图 1-34 所示。

科目名称：主营业务收入　　　　**总 分 类 账**　　　订本账簿页码：**8**

年 月 日	凭证 编号	摘　要	借　方 十亿千百十万千百十元角分	贷　方 十亿千百十万千百十元角分	借或贷	余　额 十亿千百十万千百十元角分
12 12	5	将营业收入存入银行		6 0 0 0 0 0 0 0 0		

图 1-34　"主营业务收入"总分类账示例

"其他业务收入"账户，12 月 12 日，根据第 5 号记账凭证，在贷方登记 300 万元，如图 1-35 所示。

图1-35　"其他业务收入"总分类账示例

以上就是"十个分录学记账"前5笔业务的账务处理。

【例1-6】该公司的第6项业务是：12月15日，公司开出支票，转账支付管理费用56.3万元，用于支付办公经费和发放总部管理人员薪酬。为简化示例，职工薪酬的个人所得税处理一律从略。

这项业务使得公司发生了56.3万元的管理费用。根据前面的重要约定，费用类账户的发生额（增加额）应记入账户借方。"银行存款"账户的减少额56.3万元，记入账户贷方。经过分析，应当借记"管理费用"账户56.3万元，贷记"银行存款"账户56.3万元。会计处理如下。

会计人员根据发票、工资结算单等原始凭证，填制第6号记账凭证。

12月15日，支付管理费用，应当借记"管理费用"账户56.3万元，贷记"银行存款"账户56.3万元，如图1-36所示。

图1-36　第6号记账凭证示例

根据第6号记账凭证，总账记账人员在"管理费用""银行存款"等账户中进行记录。"管理费用"账户，12月15日，根据第6号记账凭证，在借方登记56.3万元，如图1-37所示。

科目名称：管理费用		总 分 类 账						订本账簿页码：**13**		
年	凭证	摘 要	借 方	贷 方	借或贷	余 额				
月 日	编号		十亿千百十万千百十元角分	十亿千百十万千百十元角分		十亿千百十万千百十元角分				
12 15	6	支付管理费用	5 6 3 0 0 0 0 0							

图 1-37　"管理费用"总分类账示例

"银行存款"账户，12月15日，根据第6号记账凭证，在贷方登记56.3万元，如图1-38所示。

科目名称：银行存款		总 分 类 账						订本账簿页码：**1**		
年	凭证	摘 要	借 方	贷 方	借或贷	余 额				
月 日	编号		十亿千百十万千百十元角分	十亿千百十万千百十元角分		十亿千百十万千百十元角分				
12 1	1	接受股东投资	3 4 0 0 0 0 0 0 0 0							
12 6	2	购入固定资产		1 5 3 3 0 0 0 0 0 0						
12 6	3	支付广告费		3 0 1 0 0 0 0 0						
12 9	4	购入库存商品		5 0 0 0 0 0 0 0						
12 12	5	将营业收入存入银行	9 0 0 0 0 0 0 0							
12 15	6	支付管理费用		5 6 3 0 0 0 0 0						

图 1-38　"银行存款"总分类账示例

【例1-7】该公司的第7项业务是：12月30日，公司向银行借入长期借款888万元。这项业务使得公司的长期借款增加888万元。"长期借款"属于负债类账户，其增加额应当记入账户的贷方。"银行存款"账户的增加额888万元，记入账户的借方。

经过分析，应当借记"银行存款"账户888万元，贷记"长期借款"账户888万元。会计处理如下。

会计人员根据借款合同、银行入账通知单等原始凭证，填制第7号记账凭证。

12月30日，向银行借入长期借款，应当借记"银行存款"账户888万元，贷记"长期借款"账户888万元，如图1-39所示。

记 账 凭 证

凭证号：7

20#2 年 12 月 30 日 附件__张

摘　要	总账科目	明细科目	√	借方金额	√	贷方金额
				千百十万千百十元角分		千百十万千百十元角分
向银行借入长期借款	银行存款		√	8 8 8 0 0 0 0 0 0		
	长期借款				√	8 8 8 0 0 0 0 0 0

会计主管：潘×伦　　记账人：徐×祚　　审核人：谢×　　填制人：蔡×勇

图1-39　第7号记账凭证示例

根据第7号记账凭证，总账记账人员在"银行存款""长期借款"账户中进行记录。"银行存款"账户，12月30日，根据第7号记账凭证，在借方登记888万元，如图1-40所示。

总 分 类 账

科目名称：银行存款　　　　　　　　　　订本账簿页码：**1**

年		凭证编号	摘要	借　方	贷　方	借或贷	余　额
月	日			十亿千百十万千百十元角分	十亿千百十万千百十元角分		十亿千百十万千百十元角分
12	1	1	接受股东投资	3 4 0 0 0 0 0 0 0 0			
12	6	2	购入固定资产		1 5 3 3 0 0 0 0 0 0		
12	6	3	支付广告费		3 0 1 0 0 0 0 0		
12	9	4	购入库存商品		5 0 0 0 0 0 0 0 0		
12	12	5	将营业收入存入银行	9 0 0 0 0 0 0 0 0			
12	15	6	支付管理费用		5 6 3 0 0 0 0 0		
12	30	7	向银行借入长期借款	8 8 8 0 0 0 0 0 0			

图1-40　"银行存款"总分类账示例

"长期借款"账户，12月30日，根据第7号记账凭证，在贷方登记888万元，如图1-41所示。

图 1-41　"长期借款"总分类账示例

【例 1-8】该公司的第 8 项业务是：12 月 31 日，公司结转主营业务成本 370 万元，包括餐饮服务部门耗用的库存商品价值 300 万元、动用银行存款支付的餐饮服务部门人员工资 70 万元。

这项业务使得公司发生主营业务成本 370 万元。"主营业务成本"属于费用类账户，其增加额应当记入账户借方。库存商品减少 300 万元，银行存款减少 70 万元，应分别记入"库存商品""银行存款"账户的贷方。

经过分析，应当借记"主营业务成本"账户 370 万元，贷记"库存商品"账户 300 万元，贷记"银行存款"账户 70 万元。会计处理如下。

会计人员根据工资结算单、商品出库单等原始凭证，填制第 8 号记账凭证。

12 月 31 日，结转主营业务成本，应当借记"主营业务成本"账户 370 万元，贷记"库存商品"账户 300 万元，贷记"库存商品"账户 70 万元，如图 1-42 所示。

图 1-42　第 8 号记账凭证示例

根据第8号记账凭证，总账记账人员在"主营业务成本""库存商品""银行存款"等账户中进行记录。

"主营业务成本"账户，12月31日，根据第8号记账凭证，在借方登记370万元，如图1-43所示。

科目名称：主营业务成本		总 分 类 账				订本账簿页码：10	
年 凭证	摘 要	借 方	贷 方	借或贷	余 额		
月 日 编号		十亿千百十万千百十元角分	十亿千百十万千百十元角分		十亿千百十万千百十元角分		
12 31 8 结转主营业务成本		3 7 0 0 0 0 0 0 0					

图1-43　"主营业务成本"总分类账示例

"库存商品"账户，12月31日，根据第8号记账凭证，在贷方登记300万元，如图1-44所示。

科目名称：库存商品		总 分 类 账				订本账簿页码：2	
年 凭证	摘 要	借 方	贷 方	借或贷	余 额		
月 日 编号		十亿千百十万千百十元角分	十亿千百十万千百十元角分		十亿千百十万千百十元角分		
12 9 4 购入库存商品		5 0 0 0 0 0 0 0 0					
12 31 8 结转主营业务成本			3 0 0 0 0 0 0 0 0				

图1-44　"库存商品"总分类账示例

"银行存款"账户，12月31日，根据第8号记账凭证，在贷方登记70万元，如图1-45所示。

科目名称：银行存款		总 分 类 账													订本账簿页码：**1**								
年	凭证编号	摘　要	借　　方									贷　　方								借或贷	余　　额			
月 日			十亿 千 百 十万 千 百 十 元 角 分									十亿 千 百 十万 千 百 十 元 角 分									十亿 千 百 十万 千 百 十 元 角 分			
12 1	1	接受股东投资	3 4 0 0 0 0 0 0 0 0																					
12 6	2	购入固定资产										1 5 3 3 0 0 0 0 0 0												
12 6	3	支付广告费										3 0 1 0 0 0 0 0												
12 9	4	购入库存商品										5 0 0 0 0 0 0 0												
12 12	5	将营业收入存入银行	9 0 0 0 0 0 0 0																					
12 15	6	支付管理费用										5 6 3 0 0 0 0 0												
12 30	7	向银行借入长期借款	8 8 8 0 0 0 0 0 0																					
12 31	8	结转主营业务成本										7 0 0 0 0 0 0 0												

图 1-45　"银行存款"总分类账示例

【例 1-9】该公司的第 9 项业务是：12 月 31 日，公司结转其他业务成本，即动用银行存款支付物流服务部门人员工资 80 万元。

这项业务使得公司发生其他业务成本 80 万元。"其他业务成本"属于费用类账户，其增加额应当记入账户借方。"银行存款"账户的减少额 80 万元应记入账户贷方。

综上所述，应当借记"其他业务成本"账户 80 万元，贷记"银行存款"账户 80 万元。会计处理如下。

会计人员根据工资结算单等原始凭证，填制第 9 号记账凭证。

12 月 31 日，结转其他业务成本，应当借记"其他业务成本"账户 80 万元，贷记"银行存款"账户 80 万元，如图 1-46 所示。

记 账 凭 证							凭证号：**9**				
		20#2 年 12 月 31 日					附件___张				
摘　　要	总账科目	明细科目	√	借方金额		√	贷方金额				
				十 百 十 万 千 百 十 元 角 分			十 百 十 万 千 百 十 元 角 分				
结转其他业务成本	其他业务成本		√	8 0 0 0 0 0 0 0							
	银行存款					√	8 0 0 0 0 0 0 0				
会计主管：潘×伦		记账人：徐×祚		审核人：谢 ×			填制人：蔡×勇				

图 1-46　第 9 号记账凭证示例

根据第9号记账凭证，总账记账人员在"其他业务成本""银行存款"等账户中进行记录。

"其他业务成本"账户，12月31日，根据第9号记账凭证，在借方登记80万元，如图1-47所示。

图1-47 "其他业务成本"总分类账示例

"银行存款"账户，12月31日，根据第9号记账凭证，在贷方登记80万元，如图1-48所示。

图1-48 "银行存款"总分类账示例

【例1-10】该公司第10项经济业务是：12月31日，公司经税务机关查账征收，计算缴纳企业所得税90.9万元，当天转账缴纳。

这项业务使得"所得税费用"账户增加90.9万元，应记入该账户的借方。"银行存款"的减少额应记入账户贷方。

经过分析，应当借记"所得税费用"账户90.9万元，贷记"银行存款"账户90.9万元。会计人员根据纳税申报表、支付结算单据等原始凭证，填制第10号记账凭证。

12月31日，缴纳企业所得税，应当借记"所得税费用"账户90.9万元，贷记"银行存款"账户90.9万元，如图1-49所示。

记 账 凭 证

凭证号：**10**

20#2 年 12 月 31 日

附件__张

摘　　要	总账科目	明细科目	√	借方金额 千百十万千百十元角分	√	贷方金额 千百十万千百十元角分
缴纳企业所得税	所得税费用		√	9 0 9 0 0 0 0 0 0		
	银行存款				√	9 0 9 0 0 0 0 0 0

会计主管：潘×伦　　记账人：徐×祚　　审核人：谢　×　　填制人：蔡×勇

图1-49　第10号记账凭证示例

根据第10号记账凭证，总账记账人员在"所得税费用""银行存款"账户中进行记录。

"所得税费用"账户，12月31日，根据第10号记账凭证，在借方登记90.9万元，如图1-50所示。

总 分 类 账

科目名称：所得税费用

订本账簿页码：**14**

年 月日	凭证 编号	摘　要	借　方 十亿千百十万千百十元角分	贷　方 十亿千百十万千百十元角分	借 或 贷	余　额 十亿千百十万千百十元角分
12 31	10	缴纳企业所得税	9 0 9 0 0 0 0 0 0			

图1-50　"所得税费用"总分类账示例

"银行存款"账户，12月31日，根据第10号记账凭证，在贷方登记90.9万元，如图1-51所示。

科目名称：银行存款		总 分 类 账				订本账簿页码：**1**
年（月日）	凭证编号	摘要	借方	贷方	借及贷	余额
12 1	1	接受股东投资	3 4 0 0 0 0 0 0 0 0			
12 6	2	购入固定资产		1 5 3 3 0 0 0 0 0 0		
12 6	3	支付广告费		3 0 1 0 0 0 0 0		
12 9	4	购入库存商品		5 0 0 0 0 0 0 0		
12 12	5	将营业收入存入银行	9 0 0 0 0 0 0 0 0			
12 15	6	支付管理费用		5 6 3 0 0 0 0 0		
12 30	7	向银行借入长期借款	8 8 8 0 0 0 0 0 0 0			
12 31	8	结转主营业务成本		7 0 0 0 0 0 0 0		
12 31	9	结转其他业务成本		8 0 0 0 0 0 0 0		
12 31	10	缴纳企业所得税		9 0 9 0 0 0 0 0		

图 1-51　"银行存款"总分类账示例

以上就是"十个分录学记账"后 5 笔业务的账务处理。现在，大家已经完成了记账环节的训练。

第三节　对账和结账

会计处理程序可大致概括为：根据原始凭证填制记账凭证，根据记账凭证登记账簿，根据账簿编制报表。会计处理程序与会计循环示意图如图 1-52 所示。

图 1-52　会计处理程序与会计循环示意图

为了保证会计信息的证明力，必须及时查错纠弊，以保证原始凭证、记账凭证、会计账簿、会计报表之间核对相符。

若发现凭证或账簿记录有误，则应根据《会计基础工作规范》的规定予以更正。为保证账实相符，企业应按《会计基础工作规范》的规定进行财产清查。

期末结账前，需要进行财产清查和对账。如果核对相符，则可结清各账户的发生额合计数。对于实账户，还可以结出账户余额。然后，就可以编制会计报表了。

一、实账户的结账处理

我们先来进行资产、负债、所有者权益类总账账户的结账处理。对于资产类、负债类、所有者权益类账户，应计算出各个账户的本期借方发生额合计数和本期贷方发生额合计数，并结出本期余额。会计学中，把以上三大类有余额的账户称作实账户（real account）。

承前例，本年度"银行存款"账户的借方发生额合计数为 5 188 万元，贷方发生额合计数为 2 360.3 万元，借方余额为 2 827.7 万元，如图1-53 所示。

图1-53　"银行存款"总分类账示例

"库存商品"账户的借方发生额合计数为 500 万元，贷方发生额合计数为 300 万元，借方余额为 200 万元，如图1-54 所示。

科目名称：库存商品			总分类账		订本账簿页码：2
年 月 日	凭证编号	摘要	借方（十亿千百十万千百十元角分）	贷方（十亿千百十万千百十元角分）	借或贷	余额（十亿千百十万千百十元角分）
12 9	4	购入库存商品	5 0 0 0 0 0 0 0 0 0			
12 31	8	结转主营业务成本		3 0 0 0 0 0 0 0 0		
		本年累计	5 0 0 0 0 0 0 0 0 0	3 0 0 0 0 0 0 0 0	借	2 0 0 0 0 0 0 0 0
		结转下年			借	2 0 0 0 0 0 0 0 0

图1-54　"库存商品"总分类账示例

　　"固定资产"账户的借方发生额为1 533万元。由于当月采购的固定资产从下月起计提折旧，所以本期无须计提折旧。固定资产的余额仍然是1 533万元，如图1-55所示。

科目名称：固定资产			总分类账		订本账簿页码：3
年 月 日	凭证编号	摘要	借方（十亿千百十万千百十元角分）	贷方（十亿千百十万千百十元角分）	借或贷	余额（十亿千百十万千百十元角分）
12 6	2	购入固定资产	1 5 3 3 0 0 0 0 0 0			
		结转下年			借	1 5 3 3 0 0 0 0 0 0

图1-55　"固定资产"总分类账示例

　　"长期借款"账户的贷方发生额和余额都是888万元，如图1-56所示。

科目名称：长期借款			总分类账		订本账簿页码：4
年 月 日	凭证编号	摘要	借方（十亿千百十万千百十元角分）	贷方（十亿千百十万千百十元角分）	借或贷	余额（十亿千百十万千百十元角分）
12 30	7	向银行借入长期借款		8 8 8 0 0 0 0 0 0		
		结转下年			贷	8 8 8 0 0 0 0 0 0

图1-56　"长期借款"总分类账示例

"股本"账户的贷方发生额和余额都是 600 万元，如图 1-57 所示。

图 1-57　"股本"总分类账示例

"资本公积"账户的贷方发生额和余额都是 2 800 万元，如图 1-58 所示。

图 1-58　"资本公积"总分类账示例

二、虚账户的结账处理

现在，我们来进行收入、费用、利润类总账账户的结账处理。对于收入类、费用类账户，应计算出各个账户的本期借方发生额合计数和本期贷方发生额合计数，并将其发生额合计数分别结转记入"本年利润"账户。会计学中称这些没有期末余额的账户为虚账户（nominal account）。

【例 1-11】该公司的第 11 项业务是：12 月 31 日，公司结转收入、费用，计算利润总额。结转各个收入类账户时，按照各个收入类账户贷方登记的增加额，在借方登记相同的减少额，其效果是关闭收入类账户。然后，按各个收入账户的发生额合计数，记录"本年利润"的增加额，即贷记"本年利润"账户。结账时填制的记账凭证不要求附原始凭证，可直接根据账户情况填制第11号记账凭证的第一张。后面还有一张，用于结转费用类账户。

记账凭证第11号共有两张，图1-59是第一张。请注意凭证右上角采用的分数标号法。12月31日，结转各种收入，应当借记"主营业务收入"账户600万元，借记"其他业务收入"账户300万元，贷记"本年利润"账户900万元。

记 账 凭 证

凭证号：**11—1/2**

20#2 年 12 月 31 日　　　　附件__张

摘　　要	总账科目	明细科目	√	借方金额	√	贷方金额
				千百十万千百十元角分		千百十万千百十元角分
结转各种收入	主营业务收入		√	6 0 0 0 0 0 0 0 0		
	其他业务收入		√	3 0 0 0 0 0 0 0 0		
	本年利润				√	9 0 0 0 0 0 0 0 0

会计主管：潘×伦　　记账人：徐×祚　　审核：谢×　　填制人：蔡×勇

图 1-59　第 11 号记账凭证示例 1

根据第11号记账凭证（第一张），总账记账人员在有关账户中进行记录。

"主营业务收入"账户如图1-60所示，12月31日，根据第11号记账凭证（第一张），在借方登记600万元。现在，这个账户借方和贷方发生额相等，账户被清空，没有余额。

科目名称：主营业务收入　　**总 分 类 账**　　订本账簿页码：**8**

年		凭证编号	摘　要	借　　方	贷　　方	借或贷	余　　额
月	日			十亿千百十万千百十元角分	十亿千百十万千百十元角分		十亿千百十万千百十元角分
12	12	5	将营业收入存入银行		6 0 0 0 0 0 0 0 0		
12	31	11	结转各种收入	6 0 0 0 0 0 0 0 0			
			本月合计	6 0 0 0 0 0 0 0 0	6 0 0 0 0 0 0 0 0		
			本年累计	6 0 0 0 0 0 0 0 0	6 0 0 0 0 0 0 0 0		

图 1-60　"主营业务收入"总分类账示例

"其他业务收入"账户如图1-61所示，12月31日，根据第11号记账凭证（第一张），在借方登记300万元。现在，这个账户借方和贷方发生额相等，账户被清空，没有余额。

科目名称：其他业务收入				总 分 类 账				订本账簿页码：9	
年 月 日	凭证编号	摘 要	借 方 十亿千百十万千百十元角分		贷 方 十亿千百十万千百十元角分		借或贷	余 额 十亿千百十万千百十元角分	
12 12	5	将营业收入存入银行			3 0 0 0 0 0 0 0 0				
12 31	11	结转各种收入	3 0 0 0 0 0 0 0 0						
		本月合计	3 0 0 0 0 0 0 0 0		3 0 0 0 0 0 0 0 0				
		本年累计	3 0 0 0 0 0 0 0 0		3 0 0 0 0 0 0 0 0				

图1-61　"其他业务收入"总分类账示例

"本年利润"账户如图1-62所示，12月31日，根据第11号记账凭证（第一张），在贷方登记900万元。

科目名称：本年利润				总 分 类 账				订本账簿页码：15	
年 月 日	凭证编号	摘 要	借 方 十亿千百十万千百十元角分		贷 方 十亿千百十万千百十元角分		借或贷	余 额 十亿千百十万千百十元角分	
12 31	11	结转各种收入			9 0 0 0 0 0 0 0 0				

图1-62　"本年利润"总分类账示例

结转各个费用类账户时，按照各个费用类账户借方登记的增加额，在贷方登记相同的减少额，其效果是关闭各个费用类账户。然后，按各个费用类账户的发生额合计数，记录"本年利润"的减少额，即借记"本年利润"账户。

记账凭证第11号共有两张，图1-63是第二张。12月31日，结转各种费用，应当贷记"主营业务成本"账户370万元、"其他业务成本"账户80万元、"销售费用"账户30.1万元、"管理费用"账户56.3万元，然后，按照其合计数，借记"本年利润"账户536.4万元。

图1-63 第11号记账凭证示例2

根据第11号记账凭证（第二张），总账记账人员在有关账户中进行记录。

"主营业务成本"账户如图1-64所示，12月31日，根据第11号记账凭证（第二张），在贷方登记370万元。这个账户借方和贷方发生额相等，账户被清空，没有余额。

图1-64 "主营业务成本"总分类账示例

"其他业务成本"账户如图1-65所示，12月31日，根据第11号记账凭证（第二张），在贷方登记80万元。这个账户借方和贷方发生额相等，账户被清空，没有余额。

"销售费用"账户如图1-66所示，12月31日，根据第11号记账凭证，在贷方登记30.1万元。这个账户借方和贷方发生额相等，账户被清空，没有余额。

总分类账 订本账簿页码：**11**

科目名称：其他业务成本

年月日	凭证编号	摘要	借方	贷方	借或贷	余额
12 31	9	结转其他业务成本	800000 00			
12 31	11	结转各种费用		800000 00		
		本月合计	800000 00	800000 00		
		本年累计	800000 00	800000 00		

图1-65 "其他业务成本"总分类账示例

总分类账 订本账簿页码：**12**

科目名称：销售费用

年月日	凭证编号	摘要	借方	贷方	借或贷	余额
12 6	3	支付广告费	301000 00			
12 31	11	结转各种费用		301000 00		
		本月合计	301000 00	301000 00		
		本年累计	301000 00	301000 00		

图1-66 "销售费用"总分类账示例

"管理费用"账户如图1-67所示，12月31日，根据第11号记账凭证，在贷方登记56.3万元。这个账户借方和贷方发生额相等，账户被清空，没有余额。

总分类账 订本账簿页码：**13**

科目名称：管理费用

年月日	凭证编号	摘要	借方	贷方	借或贷	余额
12 15	6	支付管理费用	563000 00			
12 31	11	结转各种费用		563000 00		
		本月合计	563000 00	563000 00		
		本年累计	563000 00	563000 00		

图1-67 "管理费用"总分类账示例

"本年利润"账户如图1-68所示，12月31日，根据第11号记账凭证，在借方登记536.4万元。

科目名称：**本年利润**	**总 分 类 账**				订本账簿页码：**15**		
年 月 日	凭证 编号	摘　要	借　方 十亿千百十万千百十元角分	贷　方 十亿千百十万千百十元角分	借或贷	余　额 十亿千百十万千百十元角分
12 31	11	结转各种收入		9 0 0 0 0 0 0 0		
12 31	11	结转各种费用	5 3 6 4 0 0 0 0 0			

图1-68　"本年利润"总分类账示例

这时，"本年利润"账户中，贷方合计数大于借方合计数的金额363.6万元，就是利润表上所称的利润总额。

【例1-12】神州美食股份公司的第12项业务是：12月31日，公司结转所得税费用，计算净利润。

结转所得税费用时，按照"所得税费用"账户原来在借方记录的增加额，在贷方记录相同的金额，这样，就清空了该账户。同时，将该金额计入"本年利润"账户的借方，即冲减本年利润。

第12号记账凭证如图1-69所示。12月31日，结转所得税，应当借记"本年利润"账户90.9万元，贷记"所得税费用"账户90.9万元。

记 账 凭 证　　　　凭证号：**12**

20#2 年 12 月 31 日　　　　附件＿＿张

摘　　要	总账科目	明细科目	√	借方金额 千百十万千百十元角分	√	贷方金额 千百十万千百十元角分
结转所得税	本年利润		√	9 0 9 0 0 0 0 0		
	所得税费用				√	9 0 9 0 0 0 0 0

会计主管：潘×伦　　记账人：徐×祚　　审核人：谢　×　　填制人：蔡×勇

图1-69　第12号记账凭证示例

根据第12号记账凭证，在"本年利润""所得税费用"等账户中进行记录。

"本年利润"账户如图1-70所示，12月31日，根据第12号记账凭证，在借方登记90.9万元。

科目名称：本年利润	总 分 类 账			订本账簿页码：**15**

图1-70　"本年利润"总分类账示例

此时，"本年利润"账户中贷方合计数大于借方合计数的金额272.7万元，就是利润表上所称的净利润。

"所得税费用"账户如图1-71所示，12月31日，根据第12号记账凭证，在贷方登记90.9万元。这个账户借方和贷方发生额相等，账户被清空，没有余额。

科目名称：所得税费用	总 分 类 账			订本账簿页码：**14**

图1-71　"所得税费用"总分类账示例

【例1-13】该公司的第13项业务是：12月31日，该公司决定本年度暂不分红，将净利润全部转入未分配利润。提取盈余公积等事项一律从略。

结转净利润时，按照净利润的金额，借记"本年利润"账户，这样就清空了"本年利润"账户。同时，记录"未分配利润"的增加，即将其记入该账户的贷方。①

————————

① 为便于理解，这里将现行会计准则所称"利润分配——未分配利润"简化为"未分配利润"。

第 13 号记账凭证如图 1-72 所示。12 月 31 日，结转净利润，应当借记"本年利润"账户 272.7 万元，贷记"未分配利润"账户 272.7 万元。

图 1-72　第 13 号记账凭证示例

根据第 13 号记账凭证，在"本年利润""未分配利润"等账户中进行记录。

"本年利润"账户如图 1-73 所示，12 月 31 日，根据第 13 号记账凭证，在借方登记 272.7 万元。

图 1-73　"本年利润"总分类账示例

此时，"本年利润"账户的借方合计数等于贷方合计数，账户被清空，没有余额。

"未分配利润"账户如图 1-74 所示，12 月 31 日，根据第 13 号记账凭证，在其贷方登记 272.7 万元。这个账户有余额，它也是一个实账户。

科目名称：未分配利润	总分类账	订本账簿页码：7

科目名称：未分配利润　　总分类账　　订本账簿页码：7

年 月 日	凭证 编号	摘要	借方 十亿千百十万千百十元角分	贷方 十亿千百十万千百十元角分	借或贷	余额 十亿千百十万千百十元角分
12 31	13	结转净利润		2 7 2 7 0 0 0 0 0		

图1-74　"未分配利润"总分类账示例

现在，你已经成功完成记账和结账工作。你是不是被自己的潜力惊呆了？哈哈，还有更大的成就感等着你！下一节中，我们就可以编制会计报表了。

第四节　编制会计报表

现在，我们来编制会计报表。

把实账户的余额列在一张表上，我们就能编制出资产负债表，见表1-5。

表1-5　　　　　神州美食股份公司的资产负债表　　　　　单位：元

资产	金额	负债和所有者权益	金额
流动资产：		流动负债：	
货币资金［含银行存款］	28 277 000	……	……
存货［含库存商品］	2 000 000	非流动负债：	
……	……	长期借款	8 880 000
流动资产合计			
非流动资产：		负债合计	
固定资产	15 330 000	所有者权益：	
……	……	股本	6 000 000
		资本公积	28 000 000
非流动资产合计	……	未分配利润	2 727 000
		所有者权益合计	
资产总计	45 607 000	负债和所有者权益总计	45 607 000

我们把有借方余额的账户信息列到资产负债表左侧。把"银行存款"账户的借方余额 2 827.7 万元列在"货币资金"项目下；把"库存商品"账户的借方余额 200 万元列在"存货"项目下；把"固定资产"账户的借方余额 1 533 万元列在"固定资产"项目下。这样，算出来的资产总计为 4 560.7 万元。

我们再把有贷方余额的账户信息列到资产负债表右侧："长期借款"账户贷方余额 888 万元、"股本"账户贷方余额 600 万元、"资本公积"账户贷方余额 2 800 万元、"未分配利润"账户贷方余额 272.7 万元。这样，算出来的负债和所有者权益总计为 45 60.7 万元。

资产等于负债加所有者权益，资产负债表左右两侧金额总计均为 4 560.7 万元。

把虚账户的发生额列在一张表上，可以编出利润表，见表 1-6。

表 1-6　　　　　　　　　　神州美食股份公司的利润表　　　　　　　　单位：元

项　目	本年金额
一、营业收入（主营业务收入+其他业务收入）	9 000 000
减：营业成本（主营业务成本+其他业务成本）	4 500 000
税金及附加	
销售费用	301 000
管理费用	563 000
研发费用	
财务费用	
加：其他收益	
投资收益（损失以"−"号填列）	
公允价值变动收益（损失以"−"号填列）	
资产减值损失（损失以"−"号填列）	

我们把"主营业务收入"账户的发生额 600 万元和"其他业务收入"账户的发生额 300 万元，合计 900 万元，列入利润表第一行，即"营业收入"项目。

我们再把"主营业务成本"账户的发生额 370 万元和"其他业务成本"账户的发生额 80 万元，合计 450 万元，列入利润表第二行，即"营业成本"项目。

然后，把"销售费用"账户的发生额30.1万元、"管理费用"账户的发生额56.3万元，分别列入利润表的对应项目。

这样，营业利润、利润总额就是363.6万元。

减去所得税90.9万元，净利润就是272.7万元。

报表里面有乾坤。通过利润表，你可以直观地对比分析不同职业角色的贡献和责任、风险和报酬。在利润表中，白领和蓝领的薪酬被列入"主营业务成本""其他业务成本""管理费用"等费用类科目，企业家为他们提供了就业岗位。净利润属于股东，股东是"金领"。

以上我们所进行的会计处理可以用环环相扣的几个步骤予以概括：审核原始凭证→填制记账凭证→登记会计账簿→定期对账、财产清查→结账、编制会计报表。这种业务流程周而复始，会计学中称之为会计循环。

第五节　通过复式记账来理解会计的本质

一、会计分录

不难想象，如果将记账凭证上的账户名称（会计科目）、记账方向（借方、贷方）和金额等关键信息予以浓缩，就可以给专业交流和课堂教学带来极大便利。会计学中把记账凭证信息的浓缩表达式称为会计分录。习惯上，会计分录应清晰地区分借方、贷方，借方在上，贷方在下，每一方都应包括会计科目名称和相应的金额，借贷双方金额应当相等。格式上，通常贷方的记录相对于借方要缩进一格。

前述第1号至第13号记账凭证上所记载的信息可简化为如下分录：

第1个分录是，借记"银行存款"3 400万元，贷记"股本"600万元，贷记"资本公积"2 800万元。

（1）借：银行存款 34 000 000

贷：股本 6 000 000

资本公积 28 000 000

（2）借：固定资产——房屋建筑物 13 330 000

　　　　　　——机器设备 2 000 000

　　贷：银行存款 15 330 000

（3）借：销售费用 301 000

　　贷：银行存款 301 000

（4）借：库存商品 5 000 000

　　贷：银行存款 5 000 000

（5）借：银行存款 9 000 000

　　贷：主营业务收入 6 000 000

　　　　其他业务收入 3 000 000

（6）借：管理费用 563 000

　　贷：银行存款 563 000

（7）借：银行存款 8 880 000

　　贷：长期借款 8 880 000

（8）借：主营业务成本 3 700 000

　　贷：库存商品 3 000 000

　　　　银行存款 700 000

（9）借：其他业务成本 800 000

　　贷：银行存款 800 000

（10）借：所得税费用 909 000

　　贷：银行存款 909 000

（11-1/2）借：主营业务收入 6 000 000

　　　　其他业务收入 3 000 000

　　贷：本年利润 9 000 000

（11-2/2）借：本年利润 5 364 000

　　贷：主营业务成本 3 700 000

　　　　其他业务成本 800 000

　　　　销售费用 301 000

　　　　管理费用 563 000

（12）借：本年利润 909 000

　　　　贷：所得税费用　　　　　　　　　　　　　909 000

（13）借：本年利润　　　　　　　　2 727 000

　　　　贷：未分配利润　　　　　　　　　　　　2 727 000

二、T型账户（丁字账户）

在教学中，为简化起见，一般用T型账户（又称丁字账户）来抽象地表示账户，不再明示借方、贷方，而是默认左边为借方、右边为贷方。

资产类账户的增加额记在借方，余额也在借方。

资产类帐户

期初余额	× × ×		
增加额（1）	× × ×	减少额（1）	× × ×
增加额（2）	× × ×	减少额（2）	× × ×
……		……	
……		……	
……		……	
本期发生额：	× × ×	**本期发生额：**	× × ×
期末余额：	× × ×		

负债类、所有者权益类账户的增加额记在贷方，余额也在贷方。

负债类、所有者权益类帐户

		期初余额	× × ×
减少额（1）	× × ×	增加额（1）	× × ×
减少额（2）	× × ×	增加额（2）	× × ×
……		……	
……		……	
……		……	
本期发生额：	× × ×	**本期发生额：**	× × ×
		期末余额：	× × ×

收入类、利润类账户的增加额记在贷方。没有余额。

收入类、利润类账户

减少额（1）	× × ×	增加额（1）	× × ×
减少额（2）	× × ×	增加额（2）	× × ×
……		……	
……		……	
……		……	
本期发生额：	× × ×	**本期发生额：**	× × ×

费用类账户的增加额记在借方。没有余额。

费用类账户

增加额（1）	× × ×	减少额（1）	× × ×
增加额（2）	× × ×	减少额（2）	× × ×
……		……	
……		……	
……		……	
本期发生额：	× × ×	本期发生额：	× × ×

三、理解复式记账规则与会计的本质

1.复式记账规则

基于"资产类、费用类账户的借方登记增加额"这个重要的约定，借贷记账法的记账规则可以概括为"有借必有贷，借贷必相等"。也就是说，同一个记账凭证上必然同时涉及借记和贷记的会计科目，且所有借方记录的合计数等于所有贷方记录的合计数。

同学们可以用前面的会计分录进行验证。

2.会计的本质

复式记账法在记录财产权利的变动时，会同时给出发生变动的原因。

企业资产总额增加的常见原因：一是股东"投进来的"；二是向债权人"借过来的"；三是企业职工"干出来的"。

例如，"十个分录学记账"的第一项业务，公司收到股东投资时，借记"银行存款"账户3 400万元，贷记"股本"账户600万元，贷记"资本公积"账户2 800万元。这里，资产增加的原因就是它是股东"投进来的"。股东投资业务涉及股东与公司高管之间的信托关系，这种法律关系主要由《中华人民共和国公司法》来调整。

再如，"十个分录学记账"的第7项业务，取得长期借款时，借记"银行存款"账户、贷记"长期借款"账户888万元。这里，资产增加的原因就是它是向债权人"借进来的"。借款业务涉及债权债务关系，这种法律关系主要由《中华人民共和国民法典》来调整。

又如，"十个分录学记账"的第5项业务，将营业收入存入银行时，借记"银行存款"账户900万元，贷记"主营业务收入"账户600

万元，贷记"其他业务收入"账户300万元。这里，资产增加的原因就是它是职工"干出来的"。收入的计算所体现的税收征纳法律关系，主要由《中华人民共和国税收征收管理法》《中华人民共和国企业所得税法》来调整。

通过上述梳理，同学们可以发现，复式记账法①同时记录了法律主体的权利（如财产权利）和义务（如债务）的变动及其原因，对法律主体（会计主体）的法律关系进行了分类统计，所以其能够为妥善处理各种法律关系提供证据支持，从而能够服务于公平和效率两大目标。

通过本章的模拟实践，同学们可以初步了解会计管理的基础知识和操作流程。本章第一节从会计要素和会计科目的概念入手，随后介绍了如何设置账户、借贷记账法的原理以及启用账簿的步骤，这些是进行记账工作所必需的基础知识。第二节带领大家运用第一节所学知识，通过十个例子学习记账。第三节介绍了对账和结账环节，对账是为了保证原始凭证、记账凭证、会计账簿、会计报表之间核对相符，以确保会计信息的证明力，之后可以进行期末结账，为编制会计报表做好准备。第四节介绍了会计报表的编制方法。现在，你已经初步掌握会计的基本技能了。

建议大家在入门之后独立练习两三遍，以熟能生巧。如果能够运用所学技能帮助亲朋好友"快速入门"，则会更有成就感。教一遍胜过学十遍。所谓"学然后知不足，教然后知困"，就是这个道理。

同学们，书中会计凭证图上反复出现的"潘×伦""徐×祚""谢×"

---

①　我国的会计实务中曾经流行过借贷记账法、收付记账法和增减记账法三种复式记账法。三者均因其记账符号而得名。其中，借贷记账法是初学者最不易理解的一种方法。1907年，由谢霖和孟森合著的《银行簿记学》一书，首次将起源于意大利银行业的"借""贷"记账符号引入我国。20世纪30年代，徐永祚先生为了应对西式借贷记账法对中式商业簿记的冲击，提出了改良方案"收付记账法"。1950年，章乃器先生主张"用自己的簿记原理记账"，引发了关于收付记账法与借贷记账法的大讨论。随后，收付记账法在中国人民银行系统和预算会计（如政府会计、事业单位会计、财政总预算会计）等领域得到了广泛应用。自1993年7月1日起，企业会计领域统一采用借贷记账法。从此，增减记账法淡出了企业会计领域。自1998年1月1日起，行政、事业单位会计也统一采用借贷记账法。从此，收付记账法逐渐淡出了政府会计与非营利组织会计领域。

作为对比，单式记账法就不具备"同时记录财产权利和债务的变动及其原因"这样的优点。其实你在生活中采用单式记账法记账已经很多年了，不是记在笔记本上，就是记在脑子里。为了管控你的钱包，你会记录收到多少钱，花了多少钱，还剩多少钱。你的"流水账"，就是理论所称的"单式记账法"。单式记账法也能达到"管控"的效果，只不过它仅仅锁定一个项目。如果你关心的项目很多，而且它们之间存在关联，你就需要采用复式记账法了。

"蔡×勇"这些被隐去的名字，会让你想到谁？（如图1-75所示）。

摘　　要	总账科目	明细科目	√	借方金额		贷方金额
				千百十万千百十元角分	√	千百十万千百十元角分
接受股东投资	银行存款		√	3 4 0 0 0 0 0 0 0 0		
	股本				√	6 0 0 0 0 0 0 0
	资本公积	股本溢价			√	2 8 0 0 0 0 0 0 0

记 账 凭 证　　凭证号：1
20#2 年 12 月 1 日　　附件__张

会计主管：潘×伦　　记账人：徐×祚　　审核人：谢 ×　　填制人：蔡×勇

图1-75　本章记账凭证中隐含的部分会计界先贤的姓名示意图

按照从右至左的顺序，他们依次是：蔡锡勇、谢霖、徐永祚、潘序伦。他们是谁？答案会让你惊讶得合不上嘴巴。

蔡锡勇（1847—1898），字毅若，又字启运，福建龙溪人。早年毕业于北京同文馆，曾出使美、日、秘鲁等国，任清廷翻译、参赞。后入晚清洋务派殿军张之洞幕府，总办新式学堂教育和洋务实业。著有《传音快字》和《连环账谱》等书，被称为中国速记创始人、引进借贷复式账法第一人。

谢霖（1885—1969）字霖甫，江苏武进人。中国会计界先驱，知名会计学者，中国会计师制度的创始人，会计改革实干家和会计教育家，中国第一位注册会计师，第一个会计师事务所的创办者，中国会计改革的先驱，中国会计师制度的拓荒者。

徐永祚（1891—1959），又名玉书，浙江海宁金石墩（今属祝场乡）人。曾任上海《银行周报》编辑、主编，银行公会书记长和上海证券物品交易所会计科长和常务理事，上海市参议会参议员，曾担任神州大学、上海商学院、复旦大学、光华大学教授，上海物品交易所常务理事。他曾创立徐永祚会计师事务所（新中国成立前四大会计师事务所之一），抗战时改名为正明会计师行。他创立的收付记账法在商业会计中一直沿用至20世纪90年代。他著有《英美今是制度》《改良中式簿记》《所得税与会计》，主编过会计杂志，是一位在会计领域成就卓著的学者。

潘序伦（1893—1985），又名秩四，江苏宜兴丁蜀镇人，中国民主同盟盟员，1919年入圣约翰大学就读，1921年夏提前毕业，获学士学位。1923年获哈佛大学硕士学位，1924年获哥伦比亚大学博士学位，是中国现代杰出的会计专家和教育家。生前历任立信会计师事务所主任会计师、立信会计专科学校校长和名誉校长、立信会计图书用品社社长、中国会计学会和上海市会计学会顾问、上海市社联顾问等职。20世纪的三四十年代，还曾一度出任国民政府会计处会计局副局长、经济部常务次长。纵观他的一生，他是发展我国会计事业和培养我国会计人才的先驱，有人称其为"现代会计学宗师，职业教育之楷模"，被誉为"中国现代会计之父"。

本章小结

一、会计要素

会计要素是指对所要记载的信息的大致分类。企业会计的要素有六个，即资产、负债、所有者权益、收入、费用、利润。如果对会计要素作进一步细分，则可以确定总账账户的名称。由于"账户名称"又称"会计科目"，因此总账账户的名称又称"一级科目"。

二、借贷记账法

"借贷记账法"是以"借""贷"为记账符号的复式记账方法。对于资产类、费用类账户，借方表示增加，贷方表示减少；对于负债类、所有者权益类、收入类、利润类账户，贷方表示增加，借方表示减少。

三、设置账簿

总账账簿在外形上属于订本式账簿（账页装订成册并连续编号），其账页格式均为三栏式。总账账簿需要为各个总账账户预留页码，并在目录页中标明。总账账户的名称就是前面所说的会计科目（一级科目）。

对于现金、银行存款以外的总账账户，会计法规只针对少数总账科目规定了明细科目（二级科目）的名称，对此，企业应当遵照执行。除此以外，大多数明细账户是企业根据管理所需自行设置的。

对于库存现金和银行存款的总账账户，为了及时反映库存现金、银行存款的收款、付款、结存情况，各单位应设置库存现金日记账账簿和银行存款日记账账簿，对每一笔业务进行逐笔登记。《会计基础工作规范》要求银行存款日记账和库存现金日记账采用订本账簿，账簿中的账页为三栏式账页。

四、会计处理程序

为便于理解和掌握，会计处理程序可大致概括为：根据原始凭证填制记账凭证，根据记账凭证登记账簿，根据账簿编制报表。其间，穿插成本计算和财产清查等会计处理程序。

五、结账

对于资产类、负债类、所有者权益类账户，应计算出各个账户的本期借方发生额合计数和本期贷方发生额合计数，并结出本期余额。对于收入类、费用类账户，应计算出各个账户的本期借方发生额合计数和本期贷方发生额合计数，并将其发生额合计数分别结转记入"本年利润"账户。

把实账户的余额列在一张表上，就能编制出资产负债表。把虚账户的发生额列在一张表上，可以编出利润表。

六、会计分录

会计学中将记账凭证信息的浓缩表达式称为会计分录。借贷记账法的记账规则可以概括为"有借必有贷，借贷必相等"。

七、会计的本质

复式记账法在记录财产权利的变动时，会同时给出发生变动的原因。复式记账法同时记录了法律主体的权利（如财产权利）和义务（如债务）的变动及其原因，对法律主体（会计主体）的法律关系进行了分类统计，所以其能够为妥善处理各种法律关系提供证据支持，从而能够服务于公平和效率两大目标。

本章练习题

一、判断题

1. 会计学中称"资产、负债、所有者权益、收入、费用、利润"为六大会计要素。　　　　　　　　　　　　　　　　　　　　　　（　　）

2. 在借贷记账法下，"借方""贷方"仅仅作为记账符号使用，其分别代表账页中除余额栏以外的金额栏的左边和右边。　　　　（　　）

3. 费用类账户的贷方表示增加。　　　　　　　　　　　　（　　）

4. 收入类、费用类账户为虚账户。　　　　　　　　　　　（　　）

5. 各单位必须根据实际发生的经济业务事项进行会计核算，编制财务会计报告。　　　　　　　　　　　　　　　　　　　　　　（　　）

二、思考题

1. 会计管理工作首先应当注重保证会计信息的法律证明力，还是应当注重估值的需要？

2. 在会计实务中，会计要素和会计科目是构建会计信息系统的基石。请思考，会计要素如何转化为会计科目？会计科目在会计核算中的作用是什么？试举例说明，如何通过会计科目来反映特定的会计要素？

3. 借贷记账法是复式记账体系的核心，它确保了会计信息的完整性和平衡性。请深入思考，借贷记账法的内在逻辑是什么？它如何确保每一笔交易的会计记录都是准确和完整的？在实际会计处理中，如何运用借贷记账法来记录企业常见的经济业务，如销售收入、采购支出、薪资发放等？

立德育人

记账中的道德抉择

在神州美食股份公司，新入职的会计小李正在学习如何运用借贷记账法做出会计分录。一天，他遇到一个难题。公司的一位老客户由于资金周转困难，请求将一笔逾期未付的货款延期支付。按照公司的财务政策，这笔款项应该被记录为坏账准备，但这将直接影响公司的当期利润。

小李的上司，财务经理张华，提出了两种处理方式：一种是按照公司的政策和国家会计准则，将这笔款项作为坏账准备处理，反映在财务报表上；另一种则是暂时不记录这笔坏账，等到客户最终支付或者彻底无法偿还时再做处理，这样可以避免对公司股价和投资者信心产生负面影响。

面对这种情况，小李陷入了深思。他知道，第一种做法虽然短期内会影响公司利润，但从长远来看，能够保持会计信息的透明度和真实性，维护公司的信誉和投资者的信任。第二种做法虽然短期内对公司股价有利，但却违背了会计的诚实守信原则，有可能损害公司长期的利益。

请思考：小李面临的情况反映了会计实践中伦理决策的复杂性。试分析，小李应该选择哪一种记账方式？为什么？在会计工作中，如何平衡公司短期利益与长期信誉之间的关系？

第二章

会计学科知识体系与会计职业资格评价

学习目标

1.了解：入门、中级、高级课程的设置。

2.理解：会计法规体系的构成。

3.理解：目的和手段的关系，做出初步的职业规划。

第一节　会计学科知识体系

自1992年会计改革以来，会计学专业逐步形成了新颖而稳定的课程体系。以下循序予以介绍。

一、会计学专业的课程体系

会计学专业的课程体系如图2-1所示。

高阶课程	高级会计学/高级财务会计学 会计理论/会计史
中级课程	财务会计学/中级财务会计学 成本会计学 财务管理学 审计学 会计信息系统/计算机会计学 预算会计/政府与非营利组织会计
入门课程	基础会计学/会计学基础/初级会计学/基础会计学/会计学原理

图2-1　会计学专业的课程体系

1.入门课程

此类课程一般被冠以"基础会计（学）""会计（学）基础""初级会计（学）""会计（学）原理"之名，其主要讲解复式记账法、会计凭证、会计账簿、会计报表等基础知识。带有"会计学"字样的教材，可能含有一定比例的"学问"。

2.中级课程

其主要包括以下几门专业课程：

（1）财务会计（学），或称中级财务会计（学）。其主要讲解《企业会计准则——基本准则》和常用的10余项具体会计准则及相关理论知识，一般定位于培养能够胜任会计实务工作的专业人才。这门课程的内容通常会覆盖常用的会计准则（如基本准则，存货，固定资产，无形资产，长期股权投资，投资性房地产，资产减值，职工薪酬，收入，建造合同，政府补助，金融工具确认与计量，财务报表列报，现金流量表，会计政策、会计估计变更和差错更正，资产负债表日后事项等）。基于不同的教育理念，市面上销售的教材之间略有差异，有的只就准则讲准则，有的则深入讲解准则的设计理念、实践困境与改进方向。

（2）成本会计（学）。此课程是财务会计学的分支，主要讲解制造业的成本核算方法。

（3）财务管理（学）。其主要讲授关于筹资、投资、利润分配、营运资金管理等理论和实践知识，内容主要源于美国经济学、金融学界在1952年至1976年间所形成的公司财务理论（corporate finance theory），其中不少观点存有争议。

（4）管理会计（学）。其侧重于讲解如何利用会计信息进行生产经营决策，如销售多少产品才能保本等。有的书还涉及全面预算管理、业绩评价等管理方面的基础知识。管理会计有助于同学们在了解成本核算方法的基础上，明白如何运用成本信息优化资源配置、提升产品和服务的市场竞争力，以及支持企业的战略规划和运营管理决策。

（5）审计（学）。其主要讲授注册会计师审计准则，对政府审计和内部审计也偶有涉及。但注册会计师审计制度近年来具有较大争议，学习的时候需要结合与此相关的少量学术论文，加强思辨能力训练。

（6）会计信息系统，或称计算机会计（学）。其主要讲解会计电算化环境下的会计实务，侧重于财务软件的应用。

（7）预算会计，或称政府与非营利组织会计、政府会计、非营利组织会计等。其主要涉及行政单位会计、财政总预算会计、事业单位会计（如高校会计和医院会计）、民间非营利组织会计等。

3.高阶课程

这一阶段的课程往往被冠以"高级"或者"理论"等字样，表示供本科高年级学生和研究生修习使用。

（1）高级会计（学），或称高级财务会计（学）。其主要讲解中级财务会计（学）没有涉及的、涉及特殊行业或特殊业务的具体会计准则。这门课程通常会对企业会计准则体系中的高难度准则进行深入剖析，内容包括技术含量较高、具有一定难度的会计准则，如所得税、资产减值、企业合并、合并财务报表、套期保值、金融资产转移、金融工具列报、租赁、外币折算、非货币性资产交换、债务重组、政府补助、分部报告和中期财务报告、股份支付和每股收益等。

（2）会计理论、会计史。其主要讲解理论化、系统化的中外会计思想。与其余课程不同，会计理论课程侧重于对中外会计规则及其理论依据的历史演化进行辩证分析，而不再局限于对现行会计法规的讲解。这门课程的定位是传道授业、答疑解惑。其通常从两个平行的层面展开：其一，对域外会计规则进行辩证分析，全景式地分析公认会计原则和国际会计准则形成和演化的真实历程，力求取其精华，去其糟粕，在扬弃中借鉴西方会计理论。其二，对中国会计理论和会计规则的真实历程进行辩证分析，梳理本土学术成果，给中国会计人提精神、长志气。该教材对中外会计理论和会计规则进行对比分析，帮助读者全面把握会计规则的演进历程和发展趋势，使其达到和保持领先的专业水准，培养和造就能够切实加强会计管理的领军人才。

此外，有条件的高校还开设金融企业会计、财务分析、会计制度设计、行业比较会计、国际会计（学）等课程。

二、会计法规体系

我国的立法体系主要由五个层次构成：一是宪法；二是法律；三是行政法规；四是部门规章；五是其他规范性文件。

1.宪法

宪法具有最高的法律效力，这是立法体系的第一层级。

2.法律

第二层级是法律。法律的效力高于行政法规、部门规章。《中华人民共和国立法法》第七条规定，全国人民代表大会和全国人民代表大会常务委员会行使国家立法权。全国人民代表大会制定和修改刑事、民事、国家机构的和其他的基本法律。全国人民代表大会常务委员会制定和修改除应当由全国人民代表大会制定的法律以外的其他法律；在全国人民代表大会闭会期间，其可对全国人民代表大会制定的法律进行部分补充和修改，但是不得同该法律的基本原则相抵触。

《中华人民共和国会计法》规定，会计年度自公历1月1日起至12

月31日止。会计核算以人民币为记账本位币。业务收支以人民币以外的货币为主的单位，可以选定其中一种货币作为记账本位币，但是编报的财务会计报告应当折算为人民币。财务会计报告应当由单位负责人和主管会计工作的负责人、会计机构负责人（会计主管人员）签名并盖章；设置总会计师的单位，还须由总会计师签名并盖章。

单位负责人应当保证财务会计报告真实、完整。会计记录的文字应当使用中文。在民族自治地区，会计记录可以同时使用当地通用的一种民族文字。在中华人民共和国境内的外商投资企业、外国企业和其他外国组织的会计记录可以同时使用一种外国文字。各单位对会计凭证、会计账簿、财务会计报告和其他会计资料应当建立档案，妥善保管。会计档案的保管期限、销毁、安全保护等具体管理办法，由国务院财政部门会同有关部门制定。

各单位应当建立、健全本单位内部会计监督制度，并将其纳入本单位内部控制制度。单位内部会计监督制度应当符合下列要求：（1）记账人员与经济业务事项和会计事项的审批人员、经办人员、财物保管人员的职责权限应当明确，并相互分离、相互制约；（2）重大对外投资、资产处置、资金调度和其他重要经济业务事项的决策和执行的相互监督、相互制约程序应当明确；（3）财产清查的范围、期限和组织程序应当明确；（4）对会计资料定期进行内部审计的办法和程序应当明确。

会计机构内部应当建立稽核制度。出纳人员不得兼任稽核、会计档案保管，以及收入、支出、费用、债权债务账目的登记工作。国有的和国有资产占控股地位或者主导地位的大、中型企业必须设置总会计师。

这里我们特别强调一下《中华人民共和国会计法》的第四条和第九条。《中华人民共和国会计法》第四条规定，单位负责人对本单位的会计工作和会计资料的真实性、完整性负责。也就是说，单位负责人是单位会计工作的第一责任人。单位负责人不能以自己不分管会计工作为由来推脱法律责任。在追究法律责任的时候，单位负责人就是单位会计责任的第一责任人。

《中华人民共和国会计法》第九条规定，各单位必须根据实际发生的经济业务事项进行会计核算，填制会计凭证，登记会计账簿，编制财务会计报告。任何单位不得以虚假的经济业务事项或者资料进行会计核算。《中华人民共和国会计法》第九条可以说是会计的基本原则。有些人可能还没有意识到这一条的重要意义。会计行为如果违背这一条，就构成了违法行为。情节严重的，适用《刑法》第一百六十一条。

《刑法》第一百六十一条规定了"违规披露、不披露重要信息罪"。依法负有信息披露义务的公司、企业向股东和社会公众提供虚假的或者隐瞒重要事实的财务会计报告，或者对依法应当披露的其他重要信息不按照规定披露，严重损害股东或者其他人利益，或者有其他严重情节的，对其直接负责的主管人员和其他直接责任人员，处五年以下有期徒刑或者拘役，并处或者单处罚金；情节特别严重的，处五年以上十年以下有期徒刑，并处罚金。

《中华人民共和国税收征收管理法》第十九条规定，纳税人、扣缴义务人按照有关法律、行政法规和国务院财政、税务主管部门的规定设置账簿，根据合法、有效凭证记账，进行核算。第二十条规定，从事生产、经营的纳税人的财务、会计制度或者财务、会计处理办法和会计核算软件，应当报送税务机关备案。纳税人、扣缴义务人的财务、会计制度或者财务、会计处理办法与国务院或者国务院财政、税务主管部门有关税收的规定抵触的，依照国务院或者国务院财政、税务主管部门有关税收的规定计算应纳税款、代扣代缴和代收代缴税款。

《中华人民共和国公司法》第十章规定了公司税后利润的分配的程序。

3.行政法规

法律渊源和层级效力的第三层，是行政法规。

《中华人民共和国立法法》第六十五条规定，国务院根据宪法和法律，制定行政法规。行政法规可以就下列事项做出规定：（1）为执行法律的规定需要制定行政法规的事项；（2）宪法第八十九条规定的国务院行政管理职权的事项。

《总会计师条例》规定，全民所有制大、中型企业设置总会计师；事业单位和业务主管部门根据需要，经批准可以设置总会计师。《企业财务会计报告条例》对财务会计报告的构成、编制、对外提供、法律责任等做出了规定。

4.部门规章

法律渊源和层级效力的第四层，是部门规章。《中华人民共和国立法法》所称的规章，包括国务院部门规章和地方政府规章。《中华人民共和国立法法》规定，国务院各部、委员会、中国人民银行、审计署和具有行政管理职能的直属机构，可以根据法律和国务院的行政法规、决定、命令，在本部门的权限范围内，制定规章。部门规章规定的事项应当属于执行法律或者国务院的行政法规、决定、命令的事项。部门规章应当经部务会议或者委员会会议决定，由部门首长签署命令予以公布。

《企业会计准则——基本准则》（2014年修改）是具体准则的制定依据，在整个企业会计准则体系中扮演概念框架的角色，起统驭作用。

《企业财务通则》（2006年修订）对国有企业财务管理体制、资金筹集、资产营运、成本控制、收益分配、重组清算、信息管理、财务监督等方面进行了规范。

5.其他规范性文件

广义的规范性文件，泛指《中华人民共和国立法法》所指的立法性文件（具体包括：宪法；法律；行政法规；地方性法规、自治条例和单行条例；国务院部门规章和地方政府规章），以及由国家机关和其他团体、组织制定的具有约束力的非立法性文件的总和。通常所称的规范性文件，乃是取其狭义，指行政机关制定的规范性文件，如国务院主管部门以部门文件形式印发的规范性文件。实务中的会计规则文件大多属于狭义的规范性文件。

根据立法动态来看，我国企业会计实务已经初步形成大中型企业执行企业会计准则体系，小型企业执行《小企业会计准则》的局面。企业会计准则体系由一项《企业会计准则——基本准则》、四十多项具体会计准则（及其应用指南）和十余份会计准则解释组成。目前的基本准则属于部门规章。具体会计准则及其解释属于其他规范性文件。

第二节 会计职业资格与大学生职业生涯规划

一、会计职称考试

现在，我们探讨如何将会计职业资格考试与大学课程结合起来，做好大学生职业生涯规划。先来了解一下会计职称考试。

财政部、人事部2000年发布的《会计专业技术资格考试暂行规定》，把会计专业技术资格分为初级资格、中级资格和高级资格。2017年，人力资源社会保障部办公厅发布《关于在部分职称系列设置正高级职称有关问题的通知》，决定在会计系列增设正高级会计师（其中，审计专业为正高级审计师）。

初级资格的专业职务名称，也就是"职称"，是会计员、助理会计师。中级会计职称是会计师，与工程师、讲师、助理研究员等相当。高级会计职称是高级会计师、正高级会计师。高级会计师与高级工程师、副教授、副研究员的职称级别相同，属于通常所说的"副高"级。正高级会计师与"教授级高级工程师"的职称级别相同，都是"正高"。

会计专业技术初级、中级资格，即会计员、助理会计师、会计师职称，实行全国统考的办法。也就是说，会计人员可以通过会计专业技术资格考试获取初级、中级职称。这个"利好消息"引起了很多有识之士的兴趣。会计专业技术初级资格（会计员、助理会计师）的考试科目为初级会计实务、经济法基础；会计专业技术中级资格（会计师）的考试科目为中级会计实务、财务管理、经济法。

会计专业技术高级资格（高级会计师职称）实行考试与评审相结合的评价制度，也就是说，申请人必须考试合格，且通过高级会计师资格评审，方可获得高级会计师资格。会计专业技术资格如图2-2所示。

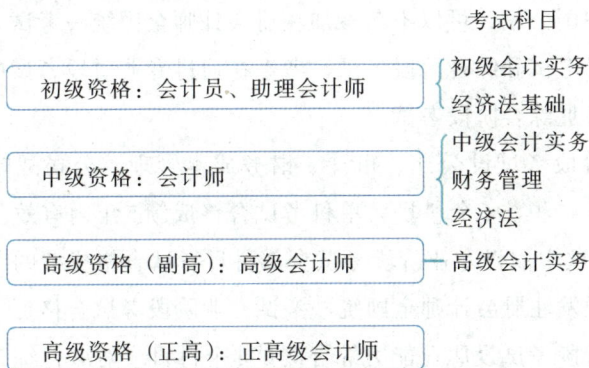

图2-2　会计专业技术资格

　　全日制普通高等教育在读大学生是不允许报考中级和高级会计职称考试的。但是在学习会计学系列课程时，高标准要求自己，早作准备，这还是值得提倡的。

二、注册会计师考试

　　我们再来了解一下注册会计师考试。《中华人民共和国注册会计师法》规定，注册会计师是依法取得注册会计师证书并接受委托从事审计和会计咨询、会计服务业务的执业人员。参加注册会计师全国统一考试成绩合格，并从事审计业务工作两年以上的，可以向省、自治区、直辖市注册会计师协会申请注册。

　　通俗地说，"会计师"是供职于特定单位的会计管理人员；"注册会计师"是面向不特定的客户提供审计和会计咨询等会计专业服务的中介机构执业人员。在我国，注册会计师并不是有些刊物上所宣传的"独立职业"，而是必须在会计师事务所执业。截至2023年12月31日，拥有注册会计师资质的人员有36万人，其中约有30%从事注册会计师行业，约有70%为中国注册会计师协会非执业会员。考取注册会计师资质，是很多青年才俊实现职业生涯规划目标的重要一步。它往往是一种手段，而不是目的。

　　《注册会计师全国统一考试办法》规定：具有完全民事行为能力且具有高等专科以上学校毕业学历或者具有会计或者相关专业中级以上技

术职称的中国公民，可以报名参加注册会计师全国统一考试。考试划分为专业阶段考试和综合阶段考试，考生在通过专业阶段考试的全部科目后，才能参加综合阶段考试。

专业阶段考试设会计、审计、财务成本管理、公司战略与风险管理、经济法、税法6个科目。单科考试合格成绩5年内有效。对在连续5个年度考试中取得专业阶段考试全部科目考试合格成绩的考生，财政部考委会颁发注册会计师全国统一考试专业阶段考试合格证书。

综合阶段考试设职业能力综合测试1个科目。对取得综合阶段考试科目考试合格成绩的考生，财政部考委会颁发注册会计师全国统一考试全科考试合格证书。注册会计师考试介绍如图2-3所示。

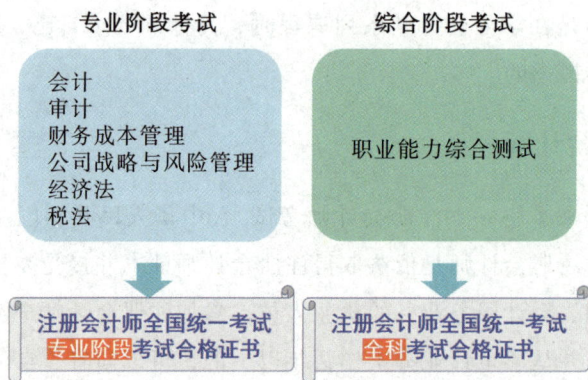

图2-3 注册会计师考试介绍

有所准备的同学在本科毕业后几年内就能够先后通过上述职业资格考试。还有的同学在通过上述考试之后另行考取其他职业资格（如法律职业资格），构筑了复合型的知识结构和能力结构（如金融律师、商事律师等）。这种自主学习的习惯为自己的职业生涯打下了扎实的基础，也为有志于从事科研工作的青年才俊夯实了理论基础。会计专业课程体系与资格考试科目的对应关系如图2-4所示。

"考证"不是万能的，但完全忽视"考证"的正当性是万万不能的。概括地说，大学教育要教给青年才俊比考证更多的、有用的知识。

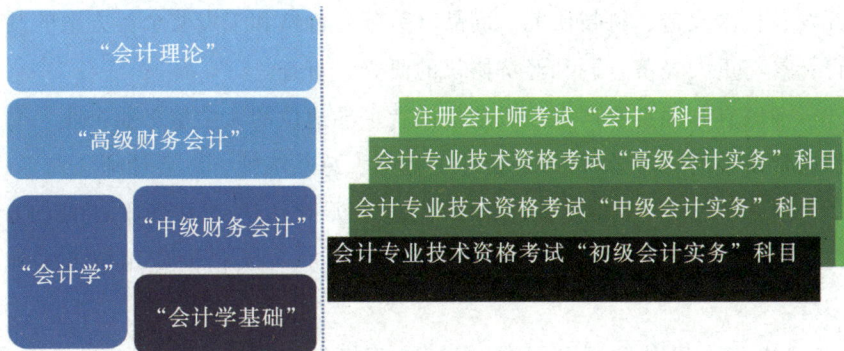

图2-4　会计专业课程体系与资格考试科目的对应关系

三、总会计师与财务总监

大家在媒体报道中经常看到"总会计师"以及"财务总监""首席财务官"等提法，这些都是单位内部的行政职务。总会计师是单位行政领导成员，属于单位的"副总"，协助单位主要行政领导人工作，直接对单位主要行政领导人负责。凡设置总会计师的单位，在单位行政领导成员中，不设与总会计师职权重叠的副职。

《中华人民共和国会计法》（2024年修正）第三十四条规定，国有的和国有资产占控股地位或者主导地位的大中型企业必须设置总会计师。该法第二十一条规定，财务会计报告应当由单位负责人和主管会计工作的负责人、会计机构负责人（会计主管人员）签名并盖章；设置总会计师的单位，还须由总会计师签名并盖章。根据《总会计师条例》（2011年修订）第二条的规定，事业单位（如高校、医院）和业务主管部门（如国务院国资委）根据需要，经批准可以设置总会计师。

企业的总会计师由本单位主要行政领导人提名，政府主管部门任命或者聘任。事业单位和业务主管部门的总会计师依照干部管理权限任命或者聘任。总会计师组织领导本单位的财务管理、成本管理、预算管理、会计核算和会计监督等方面的工作，参与本单位重要经济问题的分析和决策。

总会计师协助单位主要行政领导人对企业的生产经营、行政事业单位的业务发展以及基本建设投资等问题做出决策。总会计师参与新产品开发、技术改造、科技研究、商品（劳务）价格和工资奖金等方案的制订；参与重大经济合同和经济协议的研究、审查。

在国有和国有资产占控股地位或者主导地位的大中型工业企业，人们通常所说的"三总师"，是指总工程师、总经济师、总会计师。

财务总监，或者说首席财务官这一头衔是从美国企业界的 CFO（chief financial officer）借鉴而来。在我国，这一头衔的应用情形多种多样。

《中华人民共和国公司法》（2023 年修订）第二百六十五条规定，高级管理人员，是指公司的经理、副经理、财务负责人，上市公司董事会秘书和公司章程规定的其他人员。该法所称的"财务负责人"的常见称呼，要么是总会计师，要么是财务总监（或首席财务官）。

无论是总会计师，还是财务总监、首席财务官，设立这类会计管理职位本身，就体现着经济监管机构和各单位对会计管理工作的高度重视。

本章小结

一、会计学专业的入门课程

会计学专业的入门课程主要讲解复式记账法、会计凭证、会计账簿、会计报表等基础知识。中级课程主要包括（中级）财务会计（学）、成本会计（学）、财务管理（学）、管理会计（学）、审计（学）、会计信息系统、预算会计等。高阶课程通常是高级（财务）会计（学）、会计理论等。

二、会计专业技术资格

会计专业技术资格分为初级资格、中级资格、高级（包括副高级和正高级）资格。注册会计师是依法取得注册会计师证书并接受委托从事审计和会计咨询、会计服务业务的执业人员。考取注册会计师资质，是很多青年才俊实现职业生涯规划目标的重要一步，它往往是一种手段，而不是目的。

三、会计高级管理人员

　　总会计师是单位行政领导成员，属于单位的"副总"。《中华人民共和国公司法》（2023年修订）第二百六十五条所称的高级管理人员，是指公司的经理、副经理、财务负责人，上市公司董事会秘书和公司章程规定的其他人员。其中，"财务负责人"的常见称呼，要么是总会计师，要么是财务总监（或首席财务官）。

本章练习题

　　1.搜索最近30年财务舞弊大案要案的新闻报道，请评价：这些案件中会计人员所承担的法律责任是否有所变化？这些新闻报道对于你的职业生涯规划有何启示？

　　2.探讨会计学科知识体系（包括入门、中级和高级课程）如何与会计职业资格评价（如初级、中级、高级职称以及注册会计师资质）相辅相成。分析会计专业教育如何为学生的职业生涯规划奠定基础，以及会计职业资格考试对会计人员职业发展的影响。

　　3.分析近年来会计行业的发展趋势，如数字化转型、国际会计准则的普及，以及对会计人员道德和法律知识的更高要求。讨论这些趋势如何影响会计教育的内容和方法，以及会计职业资格评价体系的演变。思考会计专业学生应如何适应这些变化，以提升自己的就业竞争力。

立德育人

李华的职业规划与会计梦想

　　李华是一名即将毕业的会计学专业大学生，他在学习的过程中，深刻理解了会计不仅仅是数字和表格的堆砌，而是企业经营管理的基石，承载着公平、透明和信任的价值。在大学4年里，他系统地学习了从入门到高级的会计课程，包括复式记账法、财务会计、成本会计、财务管理、管理会计、审计学、会计信息系统和预算会计等。这些课程不仅让他掌握了会计的专业技能，也培养了他的逻辑思维能力和对经济现象的敏感度。

临近毕业，李华面临着职业规划的选择。他了解到，会计行业有初级、中级和高级职称考试，以及注册会计师考试等职业资格认证。这些资格认证不仅代表着对自身专业水平的认可，也是个人职场晋升的阶梯。同时，他也注意到，近年来会计行业面临着诸多挑战，比如财务造假、会计准则的国际化接轨以及数字化转型等。这些挑战要求会计人员不仅要有扎实的专业知识，还要有高度的职业道德、批判性思维和终身学习的习惯。

李华决定，除了积极备考会计职称和注册会计师考试，他还要主动参加会计协会的活动，通过研讨会和培训课程来拓宽视野，提升自己的综合能力。他深知，会计工作不仅仅是处理数字，更是在为企业和社会创造价值，每一个会计分录都体现了诚信和责任。因此，他立志成为一名既有专业技能又有高尚职业道德的会计人员，用实际行动为行业树立榜样。

请思考：会计专业毕业生在选择职业道路时，除了考虑个人兴趣和技能之外，还应该考虑哪些因素？会计行业的发展趋势和个人成长之间有什么联系？

第三章

根据法律事实记账的会计

学习目标

1.掌握：商品流通企业商品采购和商品销售的会计处理方法；工业企业原料采购、生产加工和产品销售的会计处理方法。

2.理解：增值税的会计处理规则。

3.了解：消费税和增值税的区别。

现如今，在西学东渐的大背景下，不少会计知识存在来源不明、理论基础不清晰或不恰当的问题。学习任何一门科学知识，都要仔细分辨知识的来龙去脉、是非曲直，辨明其合理成分和失当之处，从而"不忘本来、吸收外来、面向未来"。只有这样，才能学到真本领。建议同学们秉持贯通"古今、中外、正面反面"的思维方法，采取质疑的态度对待书本知识，不轻易相信任何流行的会计理论观点，最终确立自己独特的知识结构和能力框架。

我国自1992年以来的会计改革，较多地借鉴了美国证券市场上的公认会计原则（Generally Accepted Accounting Principles，GAAP）和私立机构国际会计准则理事会（International Accounting Standard Board，IASB）编写的私人文件国际财务报告准则（International Financial Reporting Standards，IFRS）。后两者存在很多弹性的会计规则，允许企业管理层在缺乏原始凭证的情况下按照管理层的意图记账。这些弹性化规则被引入我国2006年以来发布的企业会计准则体系。

初学者需要知道，我国法律要求企业记账必须具备原始凭证的支持，即坚持根据法律事实记账的基本原则，而现行企业会计准则体系中有大量的会计规则不符合《中华人民共和国会计法》第九条的规定。也就是说，学习的时候，要注意区分哪些是根据法律事实记账的会计，哪些是根据金融预期记账的会计。本章结合商业企业的购销业务和工业企业的购产销业务，紧扣增值税和消费税的会计处理，着力帮助同学们牢牢树立根据法律事实记账的理念。

第一节　会计的含义、本质、职能与目标

一、会计的含义

会计是反映和监督特定民事主体的经济活动的管理活动。企业会计是通过记录企业的法律事实，为企业经营管理和国民经济管理提供具有法律证明力的财产权利和业绩信息的管理活动。

会计只记载能够货币化的财产权利和业绩信息。这是会计的特征，

也是会计的局限性。

繁体字"會計"一词中的"會"（kuài）字是"总计"的意思，"計"字是"会和""算数"之意。最初"會計"和"計會"为通用词汇，汉代以后，"會計"成为固定用法，后续演变为简体字"会计"。

会计随着人类社会生产的发展和经济管理的需要而产生、发展并不断完善。通常人们将结绳记事、刻石计数等作为会计的萌芽。随着生产活动的发展，产生了对生产活动进行专门计量与记录的会计。

之后，人类文明不断进步，社会经济活动不断革新，生产力不断提高，会计的核算内容、核算方法等得到了较大发展，其逐步由简单的计量和记录行为，发展成为以货币单位综合地反映和监督经济活动过程的一种经济管理工作，并在参与单位经营管理决策、提高资源配置效率、促进经济健康持续发展等方面发挥积极作用。

有观点认为，会计按服务对象的不同，主要分为财务会计和管理会计。财务会计负责对外报告企业的财务状况、经营成果和现金流量等信息。管理会计是企业内部经营管理中，利用会计提供的数据进行经营决策的管理活动，其内容比较宽泛，目前缺乏统一的概念。

也有观点认为，"记账、算账、报账"等管理活动才叫会计，不涉及"记账、算账、报账"的不宜称之为"会计"。

我们的"会计学导论"课程不打算纠缠于这些概念之争。就像前面所提到的，我们的基本理念很简单，就是：企业会计是通过记录企业的法律事实，为企业经营管理和国民经济管理提供具有法律证明力的财产权利和业绩信息的管理活动。

二、会计的本质

我国会计界对会计的本质的认识一度存在"工具论"等多种提法。工具论的大意是说，会计是一种管理工具。

但如今广为人知的，是存有共识并相映成趣的两种观点：一是会计管理活动论（又称会计管理论）；二是会计信息系统论。

1.会计是一种经济管理活动

针对"工具论"等观点，著名会计学家杨纪琬先生和阎达五先生于

1980年在《会计研究》创刊号发表论文提出，会计本身就具有管理的职能，是人们从事管理的一种活动。[①]作为人们管理生产过程的一种社会活动，会计的基本职能一是核算（反映），二是监督（控制）。这种观点被称作"会计管理活动论"。1985年颁布的《中华人民共和国会计法》是以"会计是一种管理活动"为立法理念的。

2.会计是一个经济信息系统

信息系统论是从美国会计学术界引进的观点。1966年，美国会计学会的一份"基本会计理论公告"提出，"在本质上，会计是一个信息系统"。1970年，美国注册会计师协会旗下的会计原则委员会的第四号公告《企业财务报表编制的基本概念和会计原则》也提出，"会计是一项提供信息的服务活动"。

著名会计学家余绪缨先生、葛家澍先生等基于这些文献，提出"会计是在一个微观范围内建立起来的、以提供财务信息为主的经济信息系统"。[②]

3.会计管理活动论和会计信息系统论的意义

会计管理活动论和信息系统论关于会计本质的讨论产生了积极的社会影响。

"管理活动论"既提高了会计工作的地位，增强了广大会计人员投身于改革开放的信心，起到了鼓舞士气、振奋人心的作用；又促进了会计职能的发展，使会计人员纷纷进行预测，提供信息，参与决策，提高效益，推动改革。

"信息系统论"则开拓了人们的视野，不仅使会计人员认识到信息是一项重要的（越来越重要的）资源，而且使他们认识到会计所提供的财务信息和其他经济信息对于经济决策极为必要。

管理活动论也承认信息和系统的存在，只是管理活动论强调，这个系统的主要职能是控制和监督，而不是反映，即信息提供；信息系统论同样承认会计系统是管理系统的一部分，只是强调其主要职能是提供信息，为决策咨询服务，起决策（管理）的支持作用。

---

① 杨纪琬，阎达五．开展我国会计理论研究的几点意见——兼论会计学的科学属性 [J]．会计研究，1980（1）．
② 葛家澍，刘峰．新中国会计理论研究50年回顾．会计研究［J］，1999（10）.

总之，会计管理活动论和会计信息系统论对于会计的本质的看法并不存在根本分歧，其均认为会计具有核算和监督的基本职能。只不过会计管理活动论更为强调会计人员在管理活动中的主观能动性，会计信息系统论则更为强调信息流的因素。

三、会计的职能

会计的职能是指会计在经济管理过程中所具有的功能。会计具有会计核算和会计监督两项基本职能，以及预测经济前景、参与经济决策、评价经营业绩等拓展职能。马克思在《资本论》中概括地说明了会计对资本的运动进行控制和观念总结的职能。

马克思在《资本论》中指出，资本"作为处在过程中的价值，无论是在生产领域还是在流通领域的两个阶段，首先只是以计算货币的形态，观念地存在于商品生产者或资本主义商品生产者的头脑中。这种运动是由包含商品的定价或计价（估价）在内的簿记来确定和控制的。这样，生产的运动，特别是价值增殖的运动，——在这里，商品只是价值的承担者，只是这样一种物品的名字，这种物品的观念的价值存在固定为计算货币，——获得了反映在观念中的象征形象"。"这种职能不再是生产职能的附带部分，而从生产职能中分离出来，成为特殊的、专门委托的当事人的独立的职能。"①

"分工，这种职能的独立，并不会使这种职能形成产品和价值。……这部分资本是从生产过程中抽出来的，它归入流通费用，归入总收益的扣除部分。"马克思明确指出，"（生产）过程越是按社会的规模进行，越是失去纯粹个人的性质，作为对过程的控制和观念总结的簿记就越是必要；因此，簿记对资本主义生产，比对手工业和农民的分散生产更为必要，对公有生产，比对资本主义生产更为必要"。②

我国的社会经济实践也一再证明会计对于企业经营管理和国民经济管理的重要作用。1962年6月，《中共中央批转财政部党组和人民银行

---

① 马克思. 资本论：第二卷［M］. 中共中央马克思恩格斯列宁斯大林著作编译局，译. 北京：人民出版社，2004.
② 马克思. 资本论：第二卷［M］. 中共中央马克思恩格斯列宁斯大林著作编译局，译. 北京：人民出版社，2004.

党组〈关于全国会计工作会议情况的报告〉》指出，"办经济离不开会计，经济越发展，会计越重要。科学的会计制度，对于社会主义来说，比它对于资本主义更为重要"。

1. 会计的核算职能

会计核算和会计监督是会计的两大基本职能。这是《中华人民共和国会计法》的立法理念。会计的核算职能，又称会计反映职能，是指会计管理活动以货币为主要计量单位，运用一系列专门方法，对单位的经济活动的过程和结果进行连续、系统、全面的记录、计算和报告。

对于企业而言，会计的核算职能是指会计管理活动通过记录企业的法律事实（包括法律行为和法律事件），为企业经营管理和国民经济管理提供具有法律证明力的财产权利和业绩信息。

《中华人民共和国会计法》第九条规定："各单位必须根据实际发生的经济业务事项进行会计核算，填制会计凭证，登记会计账簿，编制财务会计报告。任何单位不得以虚假的经济业务事项或者资料进行会计核算。"上述规定可概括为"根据法律事实记账"，这一规定是会计的基本原则。

客观事实包括法律事实和其他事实。民法上的法律事实又称民事法律事实，是指民法认可，引发民事主体的法律关系产生、变更或消灭的客观现象。简而言之，是指依法产生法律后果的事实。

法律事实根据是否与当事人的意志有关，分为行为和事件两大类。行为是指当事人有意识的活动，如企业的供应、生产、销售等经济业务。事件是指与当事人的意志无关，能够引起民事法律后果的客观现象。例如，自然灾害等不可抗力因素造成的物的自然灭失，引起所有权关系的消灭，并得以依照企业所得税法的规定在税前扣除。除法律事实以外的其他客观事实，为其他事实。

只有法律事实才能用于记账。其他事实只能用于补充披露，不得进入会计处理程序。

会计核算俗称"算账"，是整个会计管理过程的起点和基础，但它并不是会计管理的全部，会计管理还有一个基本职能，即会计监督。

2.会计的监督职能

会计监督职能，又称会计控制职能，是指对特定单位的经济活动和相关会计核算的真实性、合法性和合理性进行监督检查，即以一定的标准，利用会计所提供的信息，对企业的经济活动进行有效的指导、控制和调节，以达到预期的目的。

会计监督应当贯穿会计核算的全过程，发挥事前监督、事中监督和事后监督的作用。

"核算和监督是会计的两大基本职能，离开了核算，就无所谓会计，监督也无从谈起，它是整个会计工作的基础，而离开了监督，会计也就失去了生命，它是整个会计工作的灵魂。"[①]

会计核算是会计的首要职能，是会计监督的基础。会计监督是会计核算的保证。两者必须结合起来发挥作用，这样才能形成具有公益性和公信力的企业财产权利和业绩信息。

专栏3-1　相关法规对会计监督的表述

《中华人民共和国会计法》（2024年修正）第二十五条规定，各单位应当建立、健全本单位内部会计监督制度，并将其纳入本单位内部控制制度。单位内部会计监督制度应当符合下列要求：（一）记账人员与经济业务事项和会计事项的审批人员、经办人员、财物保管人员的职责权限应当明确，并相互分离、相互制约；（二）重大对外投资、资产处置、资金调度和其他重要经济业务事项的决策和执行的相互监督、相互制约程序应当明确；（三）财产清查的范围、期限和组织程序应当明确；（四）对会计资料定期进行内部审计的办法和程序应当明确。

《会计基础工作规范》（2019年修改）第七十三条规定，会计机构、会计人员进行会计监督的依据是：（1）财经法律、法规、规章；（2）会计法律、法规和国家统一会计制度；（3）各省、自治区、直辖市财政厅（局）和国务院业务主管部门根据《中华人民共和国会计法》和国家统一会计制度制定的具体实施办法或者补充规定；（4）各单位根据《中华人民共和国会计法》和国家统一会计制度制定的单位

---

① 杨纪琬. 关于"会计管理"概念的再认识［J］. 会计研究，1984（12）.

内部会计管理制度；（5）各单位内部的预算、财务计划、经济计划、业务计划。该规范第七十四条规定，会计机构、会计人员应当对原始凭证进行审核和监督。对不真实、不合法的原始凭证，不予受理。对弄虚作假、严重违法的原始凭证，在不予受理的同时，应当予以扣留，并及时向单位领导人报告，请求查明原因，追究当事人的责任。对记载不明确、不完整的原始凭证，予以退回，要求经办人员更正、补充。该规范第七十六条规定，会计机构、会计人员应当对实物、款项进行监督，督促建立并严格执行财产清查制度。

3.会计的拓展职能

在核算和监督这两个基本职能之外，学术界还提出了预测经济前景、参与经济决策、评价经营业绩等会计的拓展职能。这些理论观点丰富了人们对于会计职能的认识。

娄尔行先生和张为国先生1991年提出：会计作为计量确定可分配收益的手段，是不可替代的，现实生活中，不存在可以取代会计的其他方法；为企业和其他经济单位计量确定每期可分配的收益，是在宏观范围内进行一系列重要的国民收入初次分配与再分配的基础；从理论上讲，在社会主义条件下，个别企业和其他经济单位的收益汇总起来，可供宏观控制、管理分配工作之用；会计为统计服务，使统计数据更加正确可靠，更加具有说明和指导现实的能力。所以会计的职能之一是计量可分配的收益，以确保合理分配。两位学者指出，"追加对会计职能的认识，充实了会计管理理论，有利于把对会计本质的理解推进一步"。①

四、会计目标

会计目标，又称会计目的、财务会计报告的目标，是要求会计工作完成的任务或达到的标准。

1.域外观点：决策有用观与受托责任观

英美证券市场上流行的会计理论中，有两种会计目标理论主张：一

---

① 娄尔行，张为国. 确保合理分配是会计的一项职能［J］. 会计研究，1991（8）.

是决策有用观（decision usefulness）；二是受托责任观（accountability view）。

（1）决策有用观

"决策有用观"是美国会计学会和美国注册会计师协会20世纪六七十年代提出来的，其认为会计的目标，是为证券投资者的投资决策和贷款人的信贷决策，提供有用的信息。会计信息要有助于他们预测企业未来的现金流量。这种提法反映了公共会计师行业一心想要承接和保持证券市场审计业务的迫切意愿。

如果以决策有用观为会计的目标，企业就要提供投资者更为关心的公允价值信息，而不能仅仅列报历史成本信息。企业的财务报告就要列报资产的公允价值和负债的公允价值，前者减去后者的余额就是企业的净公允价值，也就是企业价值的估计值。

有关公允价值的内容，详见本书"第四章第四节 公允价值会计"。从决策有用观到公允价值会计的演化如图3-1所示。

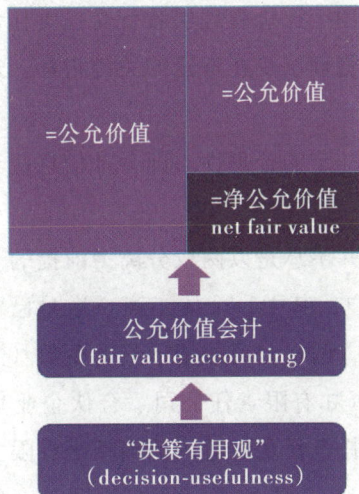

图3-1　从决策有用观到公允价值会计

决策有用观给会计规定了几乎不可能完成的任务。世界上没有哪一门学科能够精确地刻画股价的形成机制。

要知道，即便是伟大的科学家牛顿先生，在1720年投资南海公司股票时也损失惨重。2019年，有位"热心的"数学家核实了他的交易数据，牛顿先生当时大概赔了2万英镑，其购买力大致相当于现在的 9 000万人民币。当时人们问及牛顿先生对股票投资的看法，他的答复是，他无法计算人类的疯狂。

主张会计为证券投资者的决策提供估值服务的提法，名义上看提升了会计的功能定位，但实际上却把会计简单地等同于证券分析了。

（2）受托责任观

受托责任观是以企业的所有权和经营权的分离为前提的，其认为会计的目标是反映企业管理层履行受托责任的情况。所有权和经营权的分离也叫做两权分离，是指资本所有权（表现为投资者拥有的投入资产权）和资本运作权（表现为管理者经营、运作投资者投入资产权）的分离。两权分离理论是随着股份公司的出现而产生的。在股份有限公司中，公司的所有者往往委托他人对公司进行经营管理。

如果以受托责任观为会计的目标，企业会计的重点就是如实记录企业的收入和费用，并进行相应的配比（matching），也就是用收入减去费用，从而计算得出用于评价管理层履行受托责任情况的利润数据。如此，利润便成为衡量管理层受托责任的关键指标。这种会计理念又被称作"收入–费用观"。

受托责任观具有一定的合理性，即会计信息应当能够用于评价管理层的经营能力。

但是，企业经营并不总是以两权分离为前提的。目前，全国市场主体总量已突破1.5亿户，其中，个体工商户数量已突破1亿户。从市场主体的构成比例来看，两权分离的情形只是少数（主要是指股份有限公司），大多数的企业（如有限责任公司、合伙企业）通常不存在两权分离的问题。因此，受托责任观的适用范围相当有限。

《企业会计准则——基本准则》第四条规定，企业应当编制财务会计报告。财务会计报告的目标是向财务会计报告使用者提供与企业财务状况、经营成果和现金流量等有关的会计信息，反映企业管理层受托责任履行情况，有助于财务会计报告使用者做出经济决策。财务会计报告使用者包括投资者、债权人、政府及其有关部门和社会公众等。不难看出，《企业会计准则——基本准则》第四条所界定的会计目标其实是受托责任观和决策有用观这两种理念的混合。

2.本书的观点：根据法律事实记账

我们的"会计学导论"课程采用"根据法律事实记账"的理论主张。实际上，法律和行政法规已经明确规定了企业的会计责任。

《中华人民共和国税收征收管理法（2015年修正）》第二十条规定，从事生产、经营的纳税人的财务、会计制度或者财务、会计处理办法和会计核算软件，应当报送税务机关备案。纳税人、扣缴义务人的财务、会计制度或者财务、会计处理办法与国务院或者国务院财政、税务主管部门有关税收的规定抵触的，依照国务院或者国务院财政、税务主管部门有关税收的规定计算应纳税款、代扣代缴和代收代缴税款。

《中华人民共和国公司法（2023年修订）》第二百零八条规定，公司应当在每一会计年度终了时编制财务会计报告，并依法经会计师事务所审计；财务会计报告应当依照法律、行政法规和国务院财政部门的规定制作。

《中华人民共和国证券法（2019年修订）》第十九条规定，发行人报送的证券发行申请文件，应当充分披露投资者做出价值判断和投资决策所必需的信息，内容应当真实、准确、完整。为证券发行出具有关文件的证券服务机构和人员，必须严格履行法定职责，保证所出具文件的真实性、准确性和完整性。

《中华人民共和国证券法（2019年修订）》第七十八条（第二款）规定，信息披露义务人披露的信息，应当真实、准确、完整，简明清晰，通俗易懂，不得有虚假记载、误导性陈述或者重大遗漏。

从上述法律规定可知，会计工作既关系到私人利益，又涉及公共利益。真实性是法律对会计信息的基本要求。据此，企业会计应当为企业经营管理和国民经济管理提供具有法律证明力的会计信息。根据法律事实记账是会计的基本原则。记账行为必须具备原始凭证的支持。

第二节 增值税原理与商业企业购销业务的会计核算

一、增值税原理

在我国，物（包括动产和不动产）的流转（采购、销售）以及无形资产（如土地使用权和知识产权等）的交易通常都会涉及增值税（免税的情形除外）。因此，熟练掌握增值税的基本知识是学习资产的会计处理规则的前提。

专栏3-2　增值税的运行机制

按照增值税的设计原理，企业向税务机关缴纳的增值税税额在理论上是根据其经济业务所实现的增值额乘以适用的税率计算而来的。但在实践中，由于购销之间可能存在较长的时间差，因此不可能针对每一笔业务逐笔计算其增值额。于是，就发展出了分别汇总计算进项税额、销项税额，根据两者之差来确定增值税应纳税额的办法。

我们来粗略了解一下《中华人民共和国增值税法》（2024年12月25日通过，2026年1月1日开始施行）等相关法律和制度规定。

【征税对象】在中华人民共和国境内销售货物、服务、无形资产、不动产，以及进口货物的单位和个人（包括个体工商户），为增值税纳税人，应当依照本法规定缴纳增值税。销售货物、服务、无形资产、不动产，是指有偿转让货物、不运产的所有权，有偿提供服务，有偿转让无形资产的所有权或者使用权。

【一般纳税人和小规模纳税人】纳税人分为一般纳税人和小规模纳税人。小规模纳税人，是指年应征增值税销售额未超过五百万元的纳税人。

小规模纳税人会计核算健全，能够提供准确税务资料的，可以向主管税务机关办理登记，按照本法规定的一般计税方法计算缴纳增值税。根据国民经济和社会发展的需要，国务院可以对小规模纳税人的标准做出调整，报全国人民代表大会常务委员会备案。

【计税方法】增值税的计税方法，包括一般计税方法和简易计税方法。通常来说，一般纳税人适用一般计税方法计税，小规模纳税人适用简易计税方法计税。

按照一般计税方法计算缴纳增值税的，应纳税额为当期销项税额抵扣当期进项税额后的余额。当期进项税额大于当期销项税额的部分，纳税人可以按照国务院的规定选择结转下期继续抵扣或者申请退还。按照简易计税方法计算缴纳增值税的，应缴税额为当期销售额乘以征收率。

【税率】增值税税率有13%、9%和6%三档。

【零税率】纳税人出口货物或者跨境销售服务、无形资产，税率为零。零税率是指除了在出口或跨境销售环节不征增值税外，还要对该货物和无形资产此前已经缴纳的增值税进行退税，使该货物和服务在出口或跨境销售时完全不含增值税税款，从而以无税的价格进入国际市场。

企业设"应交税费"账户核算企业按照税法等规定计算应缴纳的各种税费，包括增值税、消费税、企业所得税、资源税、土地增值税、城市维护建设税、房产税、城镇土地使用税、车船税、教育费附加、矿产资源补偿费等。企业代扣代缴的个人所得税，也通过该账户核算。该账户属于负债类账户，贷方登记各种应交未交税费的增加额，借方登记实际缴纳的各种税费。期末余额在贷方，反映企业尚未缴纳的税费；期末余额在借方，反映企业多交或尚未抵扣的税费。该账户可按应缴的税费项目进行明细核算。

在手工记账的情形下，增值税一般纳税人需购置专用的设有若干专栏的账页，这种账页是专门用于计算增值税应纳税额的（如图3-2所示）。

应交税费——应交增值税　明细账

月	日	摘要	借方专栏			贷方专栏		
			进项税额	已交税金	转出未交增值税	销项税额	进项税额转出	转出多交增值税
			十万千百十元角分	十万千百十元角分	十万千百十元角分	十万千百十元角分	十万千百十元角分	十万千百十元角分

图3-2　"应交税费——应交增值税"账页的常用专栏（示意图）

增值税的运行机制要求商品的卖方根据商品的增值额，来计算缴纳相应的增值税。增值税来源于商品的买方，最终由消费者承担。

比如说，假设在没有增值税的环境里，A公司花费10 000元购进货物，然后以30 000元的价格将货物销售给B公司。那么，A公司的增值额就是20 000元。

现在，我们引入税率为13%的增值税。A公司在采购时收到供货商开出的增值税专用发票，上面注明：金额为10 000元，税额为1 300元，价税合计为11 300元。我们把"进货这项业务的税额"简称为"进项税额"。A公司的进项税额为1 300元。增值税专用发票（示意图）如图3-3所示。

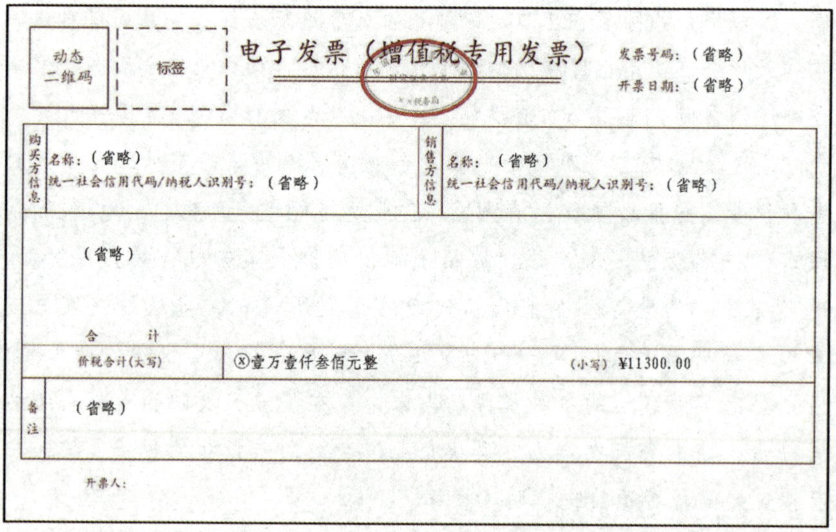

图3-3 增值税专用发票（示意图）

销售时，A公司开给B公司的增值税专用发票上注明的金额为30 000元，税额为3 900元，价税合计为33 900元。我们将"销售这项业务的税额"简称为"销项税额"。A公司的销项税额为3 900元。

在理论上，A公司向税务机关缴纳的增值税税额是根据增值额乘以适用税率计算出来的。我们看到，A公司通过货物的采购和销售业务，实现了增值额20 000元。这个增值额乘以适用税率13%，A公司的增值税应纳税额就是2 600元。

但在实践中，购销之间常常存在较长的时间差，如果非要逐笔计算每一笔业务的增值额，然后再去计算税额，就显得不够明智。于是，税法推出了根据销项税额减去进项税额来确定增值税应纳税额的办法。

A公司的销项税额，也就是销售这项业务所涉及的税额3 900元，减去进项税额，也就是进货这项业务所涉及的税额1 300元，就得到了增值税应纳税额，即2 600元。A公司的销项税额示意图如图3-4所示。

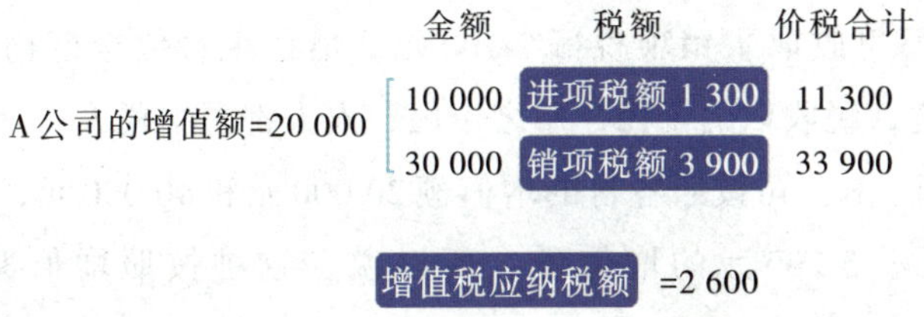

	金额	税额	价税合计
A公司的增值额=20 000	10 000	进项税额 1 300	11 300
	30 000	销项税额 3 900	33 900

增值税应纳税额 =2 600

图3-4　A公司的销项税额示意图

A公司缴纳的增值税税额究竟是谁贡献出来的呢？对了，是B公司。A公司并没有负担这笔增值税。A公司只不过是为了做这笔生意，在进货时垫付了进项税额1 300元，然后在销售时从B公司那里收取了销项税额3 900元。B公司如果不是最终消费者，那么它也不会承担这个增值税。

我们已经知道，B公司在采购时，取得A公司开出的增值税专用发票，上面注明的金额为30 000元，税额为3 900元，价税合计为33 900元。假设B公司销售给消费者时，开出的增值税普通发票上注明的金额为70 000元，税额为9 100元，价税合计为79 100元。那么，按照销项税额9 100元减去进项税额3 900元计算的增值税税额5 200元，就是税法为B公司分派的纳税义务。既然你取得了增值额40 000元，那你就应当缴纳5 200元的增值税。B公司的增值额示意图如图3-5所示。

	金额	税额	价税合计
	10 000	1 300	11 300
B公司的增值额=40 000	30 000	进项税额 3 900	33 900
	70 000	销项税额 9 100	79 100
		增值税应纳税额 =5 200	

图3-5　B公司的增值额示意图

这笔税额最终是谁承担的？对，是由消费者承担的。B公司只不过是为了做这笔生意，在进货时垫付了进项税额3 900元，然后在销售时从消费者那里收取了销项税额9 100元。增值税最终全部由消费者承担。所以说，税收取之于民，用之于民，人人都是纳税人。

A公司、B公司按照各自的增值额20 000元和40 000元，分别缴纳了2 600元、5 200元的增值税。所以说，这种按照增值额（value-added）征收的税，被称作增值税（value-added tax，VAT）。增值税计税示意图如图3-6所示。

	金额	税额	价税合计	
A公司的增值额 20 000	10 000	1 300	11 300	A公司应缴纳的增值税 2 600
	30 000	3 900	33 900	
B公司的增值额 40 000	70 000	9 100	79 100	B公司应缴纳的增值税 5 200

图3-6　增值税计税示意图

增值税的计税期间分别为十日、十五日、一个月或者一个季度。纳税人的具体计税期间，由主管税务机关根据纳税人应纳税额的大小分别核定。不经常发生应税交易的纳税人，可以按次纳税。

二、商业企业购销业务的会计核算

企业设"应交税费"科目核算企业按照税法等规定计算应缴纳的增值税等各种税费。该科目属于负债类科目，贷方登记各种应交未交税费的增加额，借方登记实际缴纳的各种税费。期末余额如果在贷方，则反映企业尚未缴纳的税费；期末余额如果在借方，则反映企业多交或尚未抵扣的税费。该科目可按应交的税费项目进行明细核算。

增值税一般纳税人应当在"应交税费"科目下设置"应交增值税"等明细科目，并在该明细科目中设置"进项税额""已交税金""销项税额"等专栏，核算增值税纳税义务的发生及履行情况。"进项税额"专栏，记录一般纳税人购进货物、无形资产或不动产，而支付或负担的准予从当期销项税额中抵扣的增值税。"已交税金"专栏，记录一般纳税人当月已缴纳的增值税。"销项税额"专栏，记录一般纳税人销售货物、无形资产或不动产应收取的增值税。应交税费——应交增值税，如图3-7所示。

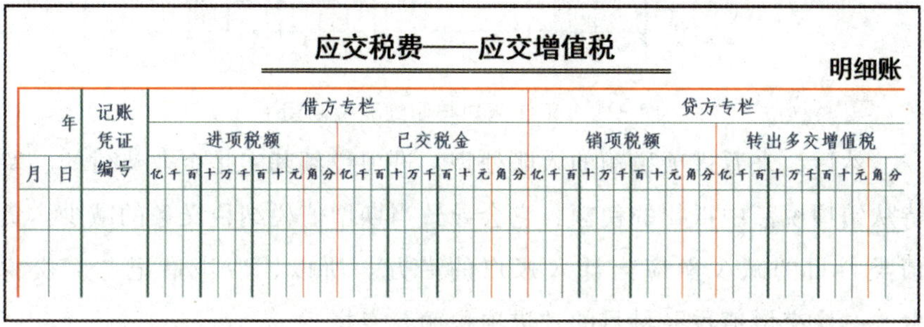

图3-7 应交税费——应交增值税

【例3-1】润生商贸有限责任公司是增值税一般纳税人。该公司采购一批名贵服装，收到的增值税专用发票上注明：金额为10 000元，税额为1 300元，价税合计为11 300元。已经转账支付。

在同一个纳税期间内，该公司将货物售出，开出的增值税专用发票上注明：金额为30 000元，税额为3 900元，价税合计为33 900元。已经通过转账结算收妥款项。

假定在该纳税期间内只发生这两笔业务。

该公司进货时所支付的税额（1 300元）为进项税额，销货时所收取的税额（3 900元）为销项税额。当期应纳税额=当期销项税额—当期进项税额，也就是3 900元减去1 300元，等于2 600元。

现在我们分四步，分别进行采购、销售、结转成本、缴纳增值税这四项业务的会计处理。

第一步，采购业务的会计处理。首先，来看"库存商品"科目的入账处理。根据增值税的税制原理，厂商并不负担那些增值税，它们的资产仍然按照不含税价格记录。润生商贸有限责任公司的库存商品按照不含税价格入账，应当借记"库存商品"10 000元。丁字账户与明细账编制图1如图3-8所示。

银行存款
|11 300

库存商品
10 000|

(1)

				应交税费——应交增值税				明细账
年	记账凭证编号	借方专栏				贷方专栏		
月 日		进项税额	已交税金			销项税额	转出多交增值税	
		130000						

图3-8　丁字账户与明细账编制图1

然后，来看进项税额的入账处理。进项税额其实是企业垫付的、留待从销项税额中抵扣的税额，它会导致当期增值税纳税义务的减少。负债类科目的减少额应当计入账户的借方。所以，应当借记"应交税费——应交增值税"科目的"进项税额"专栏。

"应交税费——应交增值税"这个明细账户所设置的各个专栏，能够提示我们借记或贷记该账户的具体原因。以"进项税额"专栏为例，这个专栏就能提醒我们，为什么借记"应交税费——应交增值税"科目？因为发生了进项税额。

综合上述分析，润生商贸有限责任公司应当借记"库存商品"科目10 000元，借记"应交税费——应交增值税"科目1 300元，贷记"银行存款"科目11 300元。

借：库存商品　　　　　　　　　　　　　　　　　　　10 000

　　应交税费——应交增值税（进项税额）　　　　　　　1 300

　　贷：银行存款　　　　　　　　　　　　　　　　　　11 300

第二步，销售业务的会计处理。按照收到的金额，借记"银行存款"科目33 900元。由于厂商本身并不负担增值税，增值税的相关信息不进入利润表，而是一律在"应交税费——应交增值税"明细账各个专栏内"独立运转"，因此该公司的主营业务收入应当按照不包含增值税的销售价格计算。按照不含增值税的销售价格，贷记"主营业务收入"

科目30 000元。丁字账户与明细账编制图2如图3-9所示。

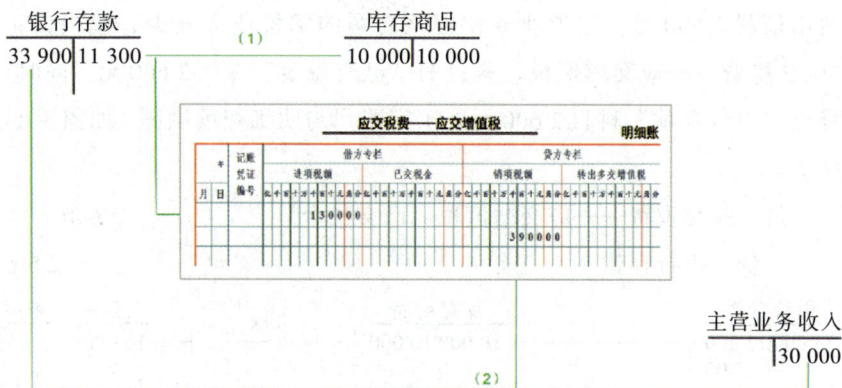

银行存款			库存商品	
33 900	11 300	(1)	10 000	10 000

应交税费——应交增值税						明细账
记账凭证编号		借方专栏		贷方专栏		
年月日		进项税额	已交税金	销项税额	转出多交增值税	
		130000		390000		

主营业务收入
| | 30 000 |

图3-9　丁字账户与明细账编制图2

销项税额导致当期纳税义务增加，负债类科目的增加应当计入贷方，所以应当贷记"应交税费——应交增值税"科目的销项税额专栏3 900元。

借：银行存款　　　　　　　　　　　　　　　　　33 900

　　贷：主营业务收入　　　　　　　　　　　　　　　30 000

　　　　应交税费——应交增值税（销项税额）　　　　3 900

第三步，结转销售成本时的会计处理。应记录"主营业务成本"增加1万元，"库存商品"减少1万元。因此，借记"主营业务成本"科目1万元，贷记"库存商品"科目1万元。丁字账户与明细账编制图3如图3-10所示。

借：主营业务成本　　　　　　　　　　　　　　　10 000

　　贷：库存商品　　　　　　　　　　　　　　　　　10 000

银行存款			库存商品			主营业务成本
33 900	11 300	(1)	10 000	10 000	(3)	10 000

应交税费——应交增值税						明细账
记账凭证编号		借方专栏		贷方专栏		
年月日		进项税额	已交税金	销项税额	转出多交增值税	
		130000		390000		

主营业务收入
| | 30 000 |

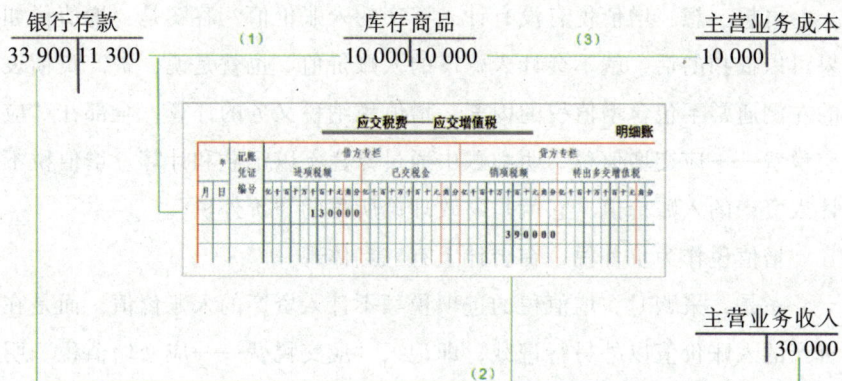

图3-10　丁字账户与明细账编制图3

第四步，缴纳增值税时的会计处理。润生商贸有限责任公司转账缴纳增值税2 600元。这项业务使得该公司的纳税业务减少，应当借记"应交税费——应交增值税"科目的"已交税金"专栏2 600元。同时，贷记"银行存款"科目2 600元。丁字账户与明细账编制图4如图3-11所示。

借：应交税费——应交增值税（已交税金）　　　　　　　2 600

　　贷：银行存款　　　　　　　　　　　　　　　　　　　　　2 600

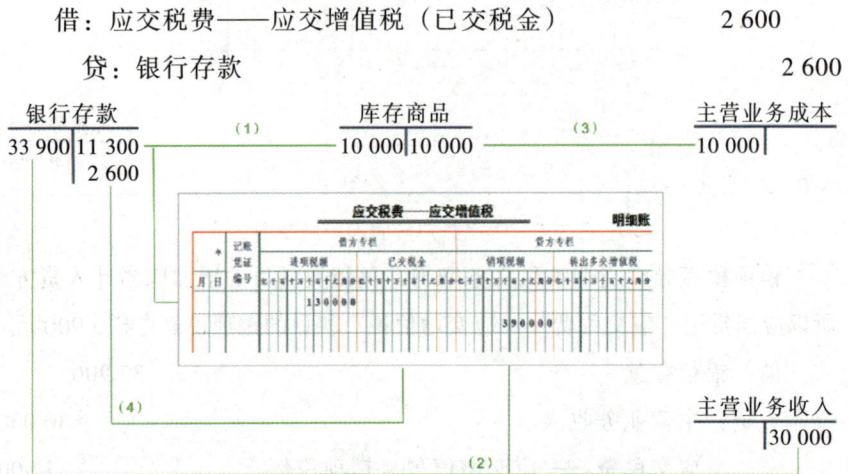

图3-11　丁字账户与明细账编制图4

此时，"应交税费——应交增值税"明细科目的借方各专栏合计与贷方各专栏合计金额相等，都是3 900元。这个明细科目也就变成了零余额科目。其功能已经履行完毕，已被关闭。

现在，请大家仔细盯着这张业务流程图。想一想：增值税有没有列示在利润表里？答案是：增值税没有列示在利润表里。

再想一想：增值税有没有计入资产的入账价值？答案是：增值税如果可以抵扣的话，就不会计入资产的入账价值。也就是说，资产负债表的左侧通常不包含增值税的因素。增值税纳税义务的计算，全部在"应交税费——应交增值税"明细账中通过专栏予以记载和计算。增值税不计入资产的入账价值，它就是财政理论所称的"价外税"。

增值税作为价外税，在会计上有三点体现。

一是，采购时，增值税的进项税额不计入资产的入账价值，而是在资产的入账价值以外另行记载，即记入"应交税费——应交增值税"明细账的"进项税额"专栏。

二是，销售时，增值税的销项税额不记入"主营业务收入"，而是记入"应交税费——应交增值税"明细账的"销项税额"专栏。

三是，结转主营业务成本时，由于库存商品是按照当初入账的不含税价格结转的，因此利润表上的营业收入和营业成本都不包含增值税的因素。

从业务流程图的右侧可以看出，利润表上的主营业务收入是30 000元，主营业务成本是10 000元，企业的毛利也就是增值额，是20 000元。企业的银行存款的增加额也是20 000元。增值税的纳税义务全部在"应交税费——应交增值税"明细账中，通过各专栏计算履行完毕。

在学科关系上，要学好金融学，就必须学好财政学，而要学好财政学，就必须学好会计学。上面的例子很直观地展示了会计管理对财税管理的支持作用。会计必须遵守法律。作为对比，市面上有一种从域外中介行业流传过来的观点，其主张"财务会计与税务会计要分离"，简称"分离论"。那是一种具有教唆性质的失当理念。同学们要提高警惕。

第三节　工业企业购产销业务的会计处理

一、采购原材料

现在，来学习工业企业采购—生产—销售业务的会计处理。工业企业比商业企业多了生产过程的核算。

企业采购的原材料应当按照实际采购成本入账。实际采购成本包括货物金额、除增值税进项税额以外的相关税费、运输费、装卸费、保险费，以及其他可归属于存货采购成本的费用。

我们先来了解材料采购的会计处理。企业设置"原材料"科目核算其库存的各种材料，包括原料及主要材料、辅助材料、外购半成品（外购件）、修理用备件（备品备件）、包装材料、燃料等的成本。该科目借方登记增加额，贷方登记减少额，期末借方余额反映的是企业库存材料的成本。

如果付款后需要经过一定的时间间隔才能收货入库，则需要设"在途物资"科目进行过渡性账务处理。"在途物资"科目核算企业采用实际成本（进价）进行日常核算的，货款已付但尚未验收入库的原材料、商品等物资的采购成本。该科目借方登记增加额，贷方登记减少额，期末借方余额反映尚未到达或尚未验收入库的在途材料、商品等物资的采购成本。

【例3-2】润叶家具有限公司为增值税一般纳税人。该公司在一个纳税期限内完成了采购、生产和销售的全部流程。

3月6日，该公司接到一份订单，生产一张写字桌和一把椅子。为此，其从金秋林业有限公司采购原材料，增值税专用发票上注明的原材料金额为2 000元，增值税税额为260元，价税合计为2 260元。卖方负责运货。货物经长途运输运达润叶家具有限公司。

（1）支付货款取得增值税专用发票时，应按照材料的不含税价格，借记"在途物资"科目2 000元，按照进项税额，借记"应交税费——应交增值税（进项税额）"260元，贷记"银行存款"科目2 260元。

借：在途物资 2 000
　　应交税费——应交增值税（进项税额） 260
　　贷：银行存款 2 260

（2）原材料验收入库时。

借：原材料 2 000
　　贷：在途物资 2 000

二、生产过程中发生的直接代价

再来了解生产过程中发生的直接代价的会计处理。企业设置"生产成本"科目核算产品制造过程中所发生的各种代价。对于生产过程中发生的与某种产品直接相关的代价，如直接人工，即直接负责生产该产品的工人师傅的薪酬，以及直接材料，即生产过程中使用的原材料等，可直接记入"生产成本"科目进行归集。

"生产成本"科目属于资产类科目，反映库存商品的生产代价。借方登记增加额，贷方登记减少额。期末余额在借方，反映企业尚未完成全部工序的在产品的成本。

【例3-3】润叶家具有限公司的定制品生产车间领用该批原材料。写字桌和椅子各用去价值1 000元的木料。

借：生产成本——写字桌　　　　　　　　　　　　　　 1 000

　　　　　　——椅子　　　　　　　　　　　　　　　 1 000

　贷：原材料　　　　　　　　　　　　　　　　　　　 2 000

【例3-4】润叶家具有限公司的定制品生产车间发放从事直接生产的工人师傅的工资1 200元。按照劳动量分配给写字桌的直接人工成本为900元，分配给椅子的直接人工成本为300元。

（1）将直接人工开支分配到各个产品时，将"应付职工薪酬"这个负债类科目的增加额计入账户贷方。

借：生产成本——写字桌　　　　　　　　　　　　　　 900

　　　　　　——椅子　　　　　　　　　　　　　　　 300

　贷：应付职工薪酬　　　　　　　　　　　　　　　　 1 200

（2）发放生产工人工资时，记录"银行存款"的减少和负债的消灭。

借：应付职工薪酬　　　　　　　　　　　　　　　　　 1 200

　贷：银行存款　　　　　　　　　　　　　　　　　　 1 200

三、生产过程中发生的间接代价

现在，来探讨生产过程中发生的间接代价的会计处理。

企业设置"制造费用"科目核算其生产车间、部门为生产产品和提供劳务而发生的各项间接代价，如车间发生的难以直接对应于某种产品而是由多种产品共同分担的水、电、气开支和车间管理人员的工资等。在实务工作中，车间建筑物、机器设备等固定资产的折旧也是先行计入制造费用，然后再分摊计入生产成本。

"制造费用"是资产类科目，用于记录生产过程中发生的间接代价，即与多种产品相关、不便直接计入某种产品的代价。"制造费用"

这个词很容易让初学者误以为它是费用类科目，其实，不妨索性将其理解为"间接代价"。

"制造费用"科目的借方登记增加额，贷方登记减少额（结转额）。该科目的借方发生额合计数在期末通常应及时结转至"生产成本"科目，因此除季节性的生产企业外，该科目期末应当无余额。

【例3-5】润叶家具有限公司的定制品生产车间归集该车间发生的与该订单有关的各项间接代价，其中，动用银行存款支付了水、电、气等车间的开支100元和车间主任的薪酬700元。当月，对车间的固定资产计提折旧2 000元。

（1）归集车间发生的各种间接代价时，借记"制造费用"这个资产类科目2 800元。针对付出的银行存款100元，贷记"银行存款"科目100元。针对应发放的车间主任薪酬700元，贷记"应付职工薪酬"700元。这些都很容易理解。

现在，我们来看固定资产折旧的处理。固定资产的入账价值用"固定资产"科目来登记。自固定资产购入次月起，固定资产可按照《中华人民共和国企业所得税法》的规定计提折旧，并享受税前扣除。为了区分固定资产的原价和已经计提过的折旧，需要在"固定资产"科目中保留其原价，另设"累计折旧"科目来登记每期计提的折旧额。你可以将"累计折旧"科目理解为"固定资产"科目的替身。车间固定资产的折旧额，贷记"累计折旧"科目2 000元。丁字账户余额示意图如图3-12所示。

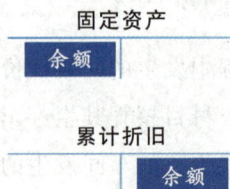

固定资产

余 额

累计折旧

余 额

图3-12　丁字账户余额示意图

借：制造费用　　　　　　　　　　　　　　　　　　　2 800
　　贷：应付职工薪酬　　　　　　　　　　　　　　　　700
　　　　银行存款　　　　　　　　　　　　　　　　　　100

　　　　贷：累计折旧　　　　　　　　　　　　　　　　　　2 000

　　（2）发放车间主任薪酬时。

　　借：应付职工薪酬　　　　　　　　　　　　　　　　　　700

　　　　贷：银行存款　　　　　　　　　　　　　　　　　　700

　　制造费用的分配标准由企业依照《企业产品成本核算制度（试行）》确定。

　　【例3-6】润叶家具有限公司将归集的制造费用2 800元平均分配给写字桌和椅子。

　　借：生产成本——写字桌　　　　　　　　　　　　　　1 400

　　　　　　　　——椅子　　　　　　　　　　　　　　　1 400

　　　　贷：制造费用　　　　　　　　　　　　　　　　　2 800

四、加工完成的产成品

　　现在，我们来探讨产成品入库和销售的会计处理。

　　工业企业设置"库存商品"科目核算企业库存的产成品的成本。

　　【例3-7】润叶家具有限公司的定制产品已经完成全部工序，产成品（一张写字桌和一把椅子）已经从车间运到仓库。

　　写字桌的加工成本=1 000+900+1400=3 300（元）

　　椅子的加工成本=1 000+300+1400=2 700（元）

　　借：库存商品——写字桌　　　　　　　　　　　　　　3 300

　　　　　　　　——椅子　　　　　　　　　　　　　　　2 700

　　　　贷：生产成本——写字桌　　　　　　　　　　　　3 300

　　　　　　　　　　——椅子　　　　　　　　　　　　　2 700

五、出售库存商品

　　工业企业出售库存商品的会计处理与商业企业相同。

　　【例3-8】3月31日，润叶家具有限公司依合同约定的价格和交货时间将写字桌和椅子销售给客户。增值税专用发票上注明的金额为10 000元，税额为1 300元，价税合计为11 300元。已经通过转账计算收受款项。

（1）取得销售收入时。

借：银行存款　　　　　　　　　　　　　　　　　11 300

　　贷：主营业务收入　　　　　　　　　　　　　　10 000

　　　　应交税费——应交增值税（销项税额）　　　 1 300

（2）结转销售成本时。

借：主营业务成本　　　　　　　　　　　　　　　　6 000

　　贷：库存商品——写字桌　　　　　　　　　　　 3 300

　　　　　　　　——椅子　　　　　　　　　　　　 2 700

这里给大家留一个思考题。润叶家具有限公司的主营业务收入是 10 000 元，主营业务成本是 6 000 元，如果两者之差是增值额的话，增值额就是 4 000 元，按 13% 计算，增值税应纳税额理论上就是 520 元。而实际上，该公司的销项税额是 1 300 元，进项税额是 260 元，增值税应纳税额是 1 040 元。为什么会差这么多？你能说清楚吗？

第四节　消费税原理及其会计核算

现在，来学习消费税的会计处理。在中华人民共和国境内生产、委托加工和进口《消费税暂行条例》规定的消费品的单位和个人，以及国务院确定的销售该条例规定的消费品的其他单位和个人，为消费税（consumption tax）的纳税人，应当依法缴纳消费税。

应税消费品，是指烟、酒、高档化妆品、贵重首饰及珠宝、鞭炮焰火、成品油、高尔夫球及球具、高档手表、游艇、木制一次性筷子、实木地板、电池、涂料。

消费税应纳税额的计算主要分为从价计征（应纳税额=销售额×比例税率）、从量计征（应纳税额=销售数量×定额税率）和从价从量复合计征（应纳税额=销售额×比例税率+销售数量×定额税率）三种方法。

在增值税专用发票上，增值税税额在不含增值税的销售价格（发票中的"金额"）之外单独列示，实行价外征收，其被称作价外税。消费税税额不单独列示，而是包含在不含增值税的销售价格（发票中的"金额"）内，实行价内征收，其被称作价内税。也就是说，消费税税额是增值税税基的一部分。价内税与价外税在增值税专用发票上的列示如图3-13所示。

图3-13　价内税与价外税在增值税专用发票上的列示

生产成本、对应于生产成本的目标利润、消费税和增值税之间的关系如图3-14所示。

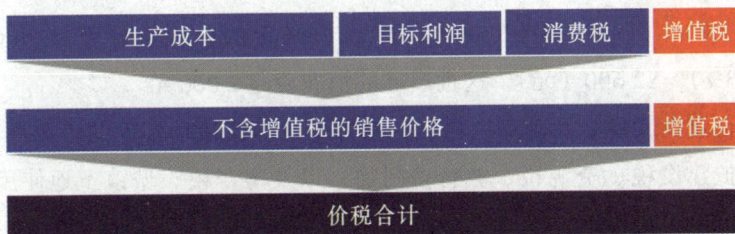

图3-14　生产成本、目标利润、消费税和增值税之间的关系

以零售的比较贵的甲类卷烟为例，其税率是56%从价定率，及每支烟3厘钱的从量定额。不含增值税的销售价格里面包含消费税，外面还有增值税。你看这根烟"红彤彤"的消费税和增值税，合在一起，约占零售价格（价税合计）的2/3。甲类卷烟价格中的消费税和增值税如图3-15所示。

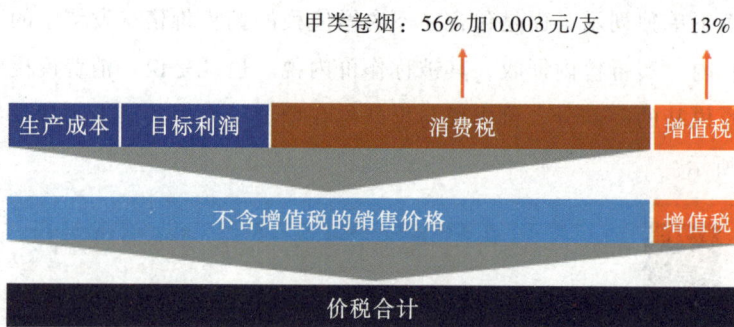

图 3-15　甲类卷烟价格中的消费税和增值税

大家可以很直观地看出，消费税具有引导合理消费的作用。

一般地，给定生产成本，厂商为确保其目标利润，所确定的不含增值税的销售价格为：

$$\frac{生产成本 + 必要利润}{1 - 消费税税率}$$

所确定的价税合计为：

$$\frac{生产成本 + 必要利润}{1 - 消费税税率} \times (1 + 增值税税率)$$

比方说，假定生产成本是 8 000 元，产品适用的消费税税率为 10%，厂商为确保赚到 10 000 元的目标利润所确定的不含增值税的销售价格就是 18 000÷（1-10%）=20 000（元），所确定的价税合计就是 20 000×（1+13%）=22 600（元）。这批产品的消费税是 2 000 元。

企业设"税金及附加"科目，核算企业经营活动发生的消费税、城市维护建设税、资源税、教育费附加，以及房产税、城镇土地使用税、车船税、印花税等税费。

企业设"应交税费——应交消费税"明细科目，核算消费税纳税义务的发生及履行情况。

【例 3-9】安安摩托股份公司 20×1 年 6 月销售 1 辆该公司生产的摩托车给城南商贸股份公司，不含增值税销售价格为每辆 20 000 元。适用的增值税税率为 13%，消费税税率为 10%。当天收到转账支票。

（1）销售合同成立时。

借：银行存款　　　　　　　　　　　　　　22 600

　　贷：主营业务收入　　　　　　　　　　　　　　　　　　　　20 000

　　　　应交税费——应交增值税（销项税额）　　　　　　　　2 600

（2）结转主营业务成本（摩托车生产成本为8 000元）。

借：主营业务成本　　　　　　　　　　　　　　　　　　　　8 000

　贷：库存商品　　　　　　　　　　　　　　　　　　　　　8 000

　　注意，基于上述记载，利润表中的"营业收入"项目为20 000元，"营业成本"项目为8 000元，这时我们还看不出毛利是多少。要想准确地计算毛利，就要把消费税考虑进去。

（3）计算应交消费税时。

借：税金及附加　　　　　　　　　　　　　　　　　　　　　2 000

　贷：应交税费——应交消费税　　　　　　　　　　　　　　2 000

　　现在，你看到的利润表项目所显示的毛利，就是10 000元。利润表图解如图3-16所示。

　　再来看城南商贸股份公司买卖货物的会计处理。

（1）采购货物时。

借：库存商品　　　　　　　　　　　　　　　　　　　　　20 000

　　应交税费——应交增值税（进项税额）　　　　　　　　　2 600

　贷：银行存款　　　　　　　　　　　　　　　　　　　　22 600

（2）销售合同成立时（不含增值税销售价格为每辆40 000元）。

借：银行存款　　　　　　　　　　　　　　　　　　　　　45 200

　贷：主营业务收入　　　　　　　　　　　　　　　　　　40 000

　　　应交税费——应交增值税（销项税额）　　　　　　　　5 200

（3）结转主营业务成本时。

借：主营业务成本　　　　　　　　　　　　　　　　　　　20 000

　贷：库存商品　　　　　　　　　　　　　　　　　　　　20 000

会企02表
单位：元

利润表

年

编制单位：

项　目	金　额
一、营业收入	20 000
减：营业成本	8 000
税金及附加	2 000
销售费用	
管理费用	
研发费用	
财务费用	
其中：利息费用	
利息收入	
加：其他收益	
投资收益（损失以"－"号填列）	
其中：对联营企业和合营企业投资的收益	
公允价值变动收益（损失以"－"号填列）	
信用减值损失（损失以"－"号填列）	
资产减值损失（损失以"－"号填列）	
资产处置收益（损失以"－"号填列）	
二、营业利润（亏损以"－"号填列）	
加：营业外收入	
减：营业外支出	
三、利润总额（亏损总额以"－"号填列）	
减：所得税费用	
四、净利润（净亏损以"－"号填列）	

（1）销售合同成立时
借：银行存款　　　　　　　　　　　22 600
　　贷：主营业务收入　　　　　　　　　20 000
　　　　应交税费——应交增值税（销项税额）　2 600
（2）结转主营业务成本（摩托车生产成本为8 000元）时
借：主营业务成本　　　　　　　　　8 000
　　贷：库存商品　　　　　　　　　　8 000
（3）计算应交消费税时
借：税金及附加　　　　　　　　　　2 000
　　贷：应交税费——应交消费税　　　2 000

图3-16　利润表图解

经济学、管理学等社会科学的知识是交叉贯通的，现在我们结合刚才的会计知识，来深化理解经济学中的价外税、价内税等知识点。

先来看价外税——增值税。由于消费税是单一环节征收的价内税，通常生产商已经履行了纳税义务，因此销售商通常不用考虑消费税问题（销售商的进货价格已经包含了消费税，因此不再另行征收），销售商只需要按照常规方法处理增值税业务即可。

（1）购买货物时，在通常可抵扣的情形下，支付的"价税合计"中所包含的增值税"税额"记入"应交税费——应交增值税（进项税额）"专栏，不计入存货的入账价值。

（2）销售货物时，收取的"价税合计"中所包含的增值税"税额"记入"应交税费——应交增值税（销项税额）"专栏，不计入主营业务收入。主营业务收入是根据不含增值税的金额记账的。

（3）结转成本时，主营业务成本里面也不包含增值税因素（因为存货入账价值中不曾包含增值税）。

由此可见，在通常可抵扣的情形下，增值税不计入货物的价值，也不计入利润表，基本上在"应交税费——应交增值税"各专栏内独立运行。

再来看价内税——消费税。对于应税消费品的制造商（比如安安摩托股份公司）来说，消费税的要点如下。

（1）销售时，限于税制设计和增值税专用发票的规定，消费税被列入不含增值税销售价格（"金额"栏）内。"主营业务收入"20 000元中含有消费税。

（2）结转成本时，"主营业务成本"8 000元中不含消费税。

（3）需要另行通过"税金及附加"反映作为经营代价的2 000元的消费税。

由此可见，消费税会出现在利润表里，但不影响利润，由消费者承担。

本章结合工商企业的实务，紧扣增值税、消费税这两个链条，所阐释的会计规则贯彻了根据法律事实记账的基本理念，由此形成的会计信息有助于提高管理效率。

本章小结

一、会计概念

企业会计是通过记录企业的法律事实，为企业经营管理和国民经济管理提供具有法律证明力的财产权利和业绩信息的管理活动。

会计核算和会计监督是会计的两大基本职能。本课程采用"根据法律事实记账"的理论主张。

二、增值税

增值税的运行机制要求商品的卖方根据商品的增值额，来计算缴纳相应的增值税。增值税来源于商品的买方，最终由消费者承担。增值税一般纳税人应当在"应交税费"科目下设置"应交增值税"等明细科目，并在该明细科目中设置"进项税额""已交税金""销项税额"等专栏，核算增值税纳税义务的发生及履行情况。

在增值税专用发票上，增值税税额在不含增值税的销售价格（发票中的"金额"）之外单独列示，实行价外征收，其被称作价外税。消费税税额不单独列示，而是包含在不含增值税的销售价格（发票中的"金额"）内，实行价内征收，其被称作价内税。也就是说，消费税税额是增值税税基的一部分。

企业设"税金及附加"科目，核算企业经营活动发生的消费税等税费。企业设"应交税费——应交消费税"明细科目，核算消费税纳税义务的发生及履行情况。

本章练习题

一、判断题

1. "制造费用"是费用类科目。　　　　　　　　　　　（　　）

2.会计核算必须严格按照实际发生的经济业务进行记录，不得根据预期的经济活动提前记账。　　　　　　　　　　　　　　（　　　）

3.在商业企业购销业务中，增值税销项税额应当计入销售收入中。

（　　　）

4.工业企业购产销业务中，生产过程中发生的直接代价和间接代价均应计入生产成本。　　　　　　　　　　　　　　　　（　　　）

5.消费税作为价内税，其税额无须在销售发票中单独列示，而是包含在不含增值税的销售价格中。　　　　　　　　　　　（　　　）

二、单项选择题

1.一般纳税人销售货物、无形资产或不动产，提供加工修理修配劳务、服务时，按根据现行增值税制度的规定计算的销项税额，（　　　）记（　　　）科目。

A.借 应交税费——应交增值税（销项税额）

B.借 应交税费——应交增值税（进项税额）

C.贷 应交税费——应交增值税（销项税额）

D.贷 应交税费——应交增值税（进项税额）

2.某企业只生产和销售甲产品，20×1年4月初，在产品成本为3.5万元。4月发生如下费用：生产消耗材料6万元，生产工人工资2万元，制造费用1万元，行政管理部门人员工资1.5万元。月末在产品成本为3万元。该企业4月完工甲产品的生产成本为（　　　）万元。

A.9.5　　　　　　B.12.5　　　　　　C.11　　　　　　D.9

3.下列关于增值税的描述，正确的是（　　　）。

A.增值税是一种价内税，其税额包含在商品的销售价格中

B.增值税的计算依据是商品的增值额，即商品的销售价格减去购进价格

C.增值税的销项税额在开具发票时单独列示，最终由消费者承担

D.增值税的进项税额不能从销项税额中抵扣

三、思考题

1.存货采购和销售过程中所涉及的增值税是否在利润表中列示？为什么？

2.增值税是会计核算中的一项重要内容，它涉及销项税额和进项税额的计算与抵扣。请分析，在商业企业购销业务和工业企业购产销业务中，增值税的会计处理规则是如何体现"根据法律事实记账"原则的？

3.会计记录应当严格依据法律事实进行，这在会计实务中意味着什么？试举例说明，在不同类型的经济业务中（如采购、销售、借款等），会计人员如何确保每笔交易的记录符合法律事实？

立德育人

法律事实与会计诚信

宏达制造有限公司是一家专注于精密机械制造的中型企业，最近公司接到一份大额订单，但由于原材料价格上涨，公司面临着成本上升的压力。为了维持原有的利润率，公司的财务经理提出了一项提议：在会计记录中，对部分成本采用"预估成本"的方式进行核算，以保持财务报表的"美观"。

宏达制造有限公司的会计主管小王得知这一提议后，陷入了深深的思考。小王清楚地记得在进行会计专业学习时，老师反复强调会计工作的基本原则是根据实际发生的经济业务事项进行会计核算，编制财务会计报告，即根据法律事实记账。这意味着会计人员必须依据真实的交易和事件进行会计处理，而不能基于假设或预期进行会计记录。

面对财务经理的提议，小王意识到这将违背会计的诚信原则和法律要求，可能导致财务报表失真，进而影响投资者、债权人及税务机关对公司的判断，甚至触犯法律。于是，小王决定与财务经理沟通，强调会计记录的合法性与诚信性，并建议寻找其他合法途径来应对成本上涨的挑战，比如与供应商协商、提高生产效率或是调整产品定价策略。

　　请思考：小王面临的情况凸显了会计工作中的一个重要原则：根据法律事实记账。会计人员在日常工作中如何确保会计记录的准确性和合法性？在面对可能影响财务报表真实性的外部压力时，会计人员应如何行动？

第四章

根据金融预期记账的会计

学习目标

1.掌握：交易性金融资产的会计处理规则；存货跌价准备的会计
处理规则。

2.理解：权益法的设计思路；固定资产、无形资产、金融资产的
减值。

3.了解：合并报表的设计思路。

前一章已经提到，受美国证券市场上的公认会计原则和私立机构国际会计准则理事会编写的国际财务报告准则误导，我国 2006 年以来发布的企业会计准则体系引入了一些不太符合会计原理的弹性的会计规则。本章简要阐释资产减值会计、合并财务报表、权益法、公允价值会计等有代表性的弹性化会计规则，这些会计规则都不太符合根据法律事实记账的基本原理，都属于根据金融预期记账的会计规则。

第一节　资产减值会计

资产减值会计是"以老实人的面目干坏事"的典型。根据《企业会计准则第 1 号——存货》的规定，资产负债表日，存货应当按照成本与可变现净值（net realizable value，NRV）孰低计量，存货成本高于其可变现净值的，应当计提存货跌价准备，计入当期损益。确定存货的可变现净值时，应当以取得的确凿证据为基础。根据《企业会计准则第 8 号——资产减值》的规定，固定资产、无形资产等长期资产存在减值迹象的，应当估计其可收回金额。可收回金额（recoverable amount）应当根据"资产的公允价值减去处置费用后的净额"与"资产预计未来现金流量的现值"两者之中较高者确定。根据《企业会计准则第 22 号——金融工具》的规定，某些金融资产要以预期信用损失（expected credit loss）为基础进行减值会计处理并确认损失准备。这套思路被称作"预期信用损失模型"（expected credit loss model）。这些"奇奇怪怪"的规则都是在所谓的谨慎性（prudence）原则或者说稳健性原则（conservatism）的"庇护"下得以推行的。

一、存货跌价准备

1.存货跌价准备相关会计规则的设计理念

"资产负债表日，存货应当按照成本与可变现净值孰低计量，存货成本高于其可变现净值的，应当计提存货跌价准备，计入当期损益。"怎么理解这句话呢？

比如说，你买的绿豆 10 块钱一斤，可年底别人买的绿豆 7 块钱一斤，那么，准则就说，你的绿豆减值了3块钱，就要减记到7块钱。有人会问了：那如果存货成本低于其可变现净值，该怎么办？如果年底别人买的绿豆16块钱一斤怎么办？准则说，那就别管了。也就是说，你只能记录资产减值，不能记录资产升值。这个思路就是一直存在激烈争议的"资产减值会计"。资产减值会计规则的理念偏差如图4-1所示。

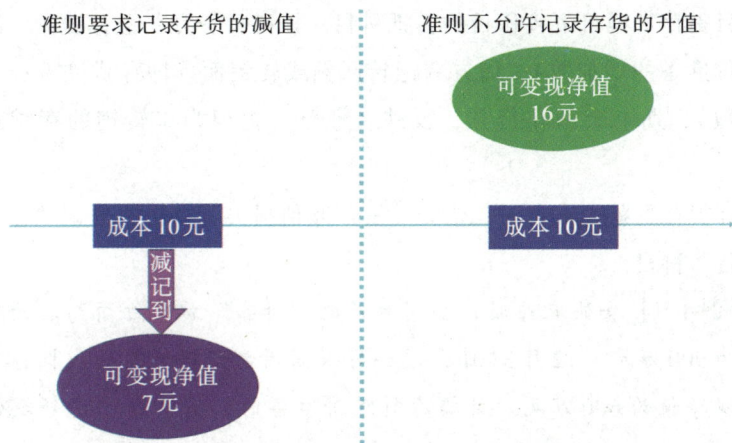

图4-1 资产减值会计规则的理念偏差

准则所说的"资产负债表日"是指对外公布财务报表之日，在我国，一般是指季末和年末。成本是指存货在本期计提跌价准备前的账面价值。

可变现净值，对于已经完工、可立即对外出售的存货（如库存商品以及可直接出售的低值易耗品、原材料等）而言，是指其估计售价减去估计的销售费用和相关税费后的金额；对于不可直接对外出售的存货（如在产品、不可直接出售的原材料）而言，是指该存货加工完成后的产成品的估计售价减去自当前状态加工到可销售状态估计将要产生的成本、估计的销售费用以及相关税费之后的金额。

准则规定，企业在确定存货的可变现净值时，应当以取得的确凿证据（the most reliable evidence）为基础，并且考虑持有存货的目的、资产负债表日后事项的影响等因素。其中，"确凿证据"是指对确定存货的可变现净值有直接影响的客观证明，如产成品或商品的市场销售价格、与产成品或商品相同或类似商品的市场销售价格、销货方提供的有关资料和生产成本资料等。

企业设置"资产减值损失"科目核算其计提各项资产减值准备所记录的损失。不妨将其理解为广义的费用类科目。该科目借方登记发生额（增加数），贷方登记结转额（减少数）。期末结转后，该科目无余额。

企业设置"存货跌价准备"科目核算企业对存货计提的跌价准备。该科目是存货项目下各科目的备抵科目。该科目贷方登记计提额（即存货跌价准备的增加数），借方登记转回额或转销额（即存货跌价准备的减少数），期末余额在贷方，反映企业已计提但尚未转销的存货跌价准备。

计提存货跌价准备时，借记"资产减值损失"科目，贷记"存货跌价准备"科目。

【例4-1】安民农业股份公司生产的"舒心"牌干红葡萄酒的账面价值为900万元。12月31日，该公司根据确凿证据计算的该批存货的可变现净值为600万元。计提存货跌价准备时，需要在"资产减值损失"这个费用类科目的借方登记其发生额或者说增加额，即借记"资产减值损失"300万元。需要在存货类科目的"替身科目""附属科目"，也就是"存货跌价准备"科目中，记录存货的减值额，即贷记"存货跌价准备"300万元。

借：资产减值损失　　　　　　　　　　　　　3 000 000

　　贷：存货跌价准备　　　　　　　　　　　　　　　　3 000 000

如此记账之后，库存商品的账面价值就是用"库存商品"科目借方的900万元，减去其附属科目"存货跌价准备"科目贷方的300万元后的余额，也就是600万元。

次年3月，该公司以不含税价1 000万元将该批货物全部批发售出，价税合计为1 130万元，款项已经到账，货物已经交付。

借：银行存款　　　　　　　　　　　　　　　11 300 000

　　贷：主营业务收入　　　　　　　　　　　　　　　10 000 000

　　　　应交税费——应交增值税（销项税额）　　　　1 300 000

在结转销售成本时，应同时结转已计提的存货跌价准备，也就是要清空库存商品的主科目和附属科目。按照库存商品的账面价值，借记

"主营业务成本"600万元。为了清空"存货跌价准备"账户原来贷记的300万元，现在就要借记"存货跌价准备"300万元。清空"库存商品"科目，贷记"库存商品"900万元。会计分录编制图如图4-2所示。

借：主营业务成本　　　　　　　　　　　　　　6 000 000

　　存货跌价准备　　　　　　　　　　　　　　3 000 000

　　贷：库存商品　　　　　　　　　　　　　　　　　9 000 000

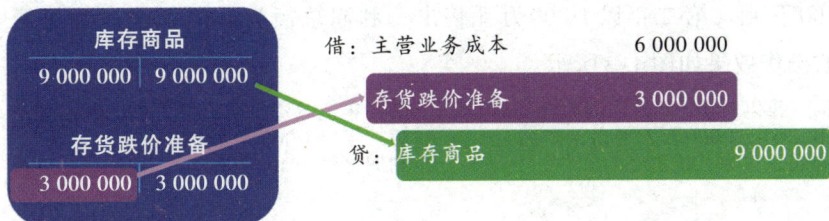

图4-2　会计分录编制图

2.对存货跌价准备的辩证分析

按照准则操作往往并不困难，难的是如何理解如此操作的目的。

要注意，存货跌价准备的计提和转回都是缺乏原始凭证的记账行为，违反了《中华人民共和国会计法》第九条，属于违法行为。①情节严重的，构成《中华人民共和国刑法》第一百六十一条所规定的"违规披露、不披露重要信息罪"，处五年以下有期徒刑或者拘役，并处或者单处罚金；情节特别严重的，处五年以上十年以下有期徒刑，并处罚金。

学会计，要时刻提醒自己牢记《中华人民共和国会计法》第九条和《中华人民共和国刑法》第一百六十一条。做每一条会计分录，都要问问自己，有没有原始凭证？尽信书不如无书，在大学里，你要保持质疑的精神，质疑是创新的起点。

很多书上提到，会计应当保持应有的谨慎，不应高估资产或者收益、低估负债或者费用。资产还没有卖，就要计算资产的"减值"，这就是资产减值会计。在存货项目中，就体现为存货跌价准备。这就是域外会计理论所流行的"谨慎性"或者说"稳健性"原则。这个"原则"

① 《中华人民共和国会计法》第九条规定，"各单位必须根据实际发生的经济业务事项进行会计核算，填制会计凭证，登记会计账簿，编制财务会计报告"。"任何单位不得以虚假的经济业务事项或者资料进行会计核算"。

乍一听起来好像很有道理。做人难道不应该谨慎些吗？但现实往往事与愿违，证券市场有时反而出现了"合规造假"的怪现象。

我们先来看一个名为"甜饼罐"（cookie jar）的资本市场操纵手法。某公司第一年以900万元入账的库存商品，第二年以1 000万元售出，利润总额为100万元。有了资产减值会计，该公司就可以随意修改资产和利润数据。第一年把库存商品减记到600万元，记录资产减值损失300万元。第二年以1 000万元售出，利润总额为400万元。"甜饼罐"的操作效果如图4-3所示。

第一年以900万元入账的库存商品，
第二年以1 000万元售出，
利润总额为100万元。

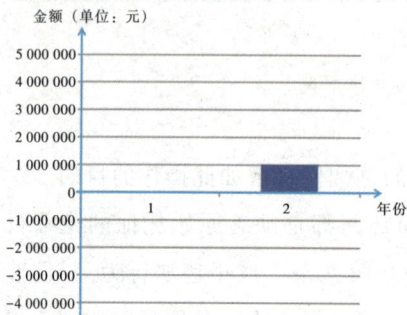

第一年记录资产减值损失900万元，
第二年以1 000万元售出，
利润总额为400万元。

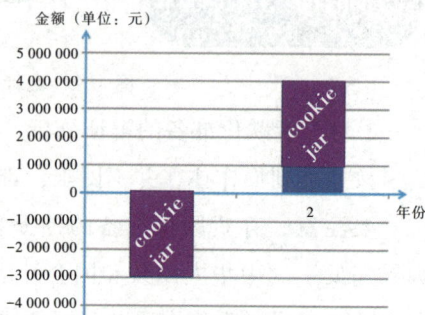

图 4-3 "甜饼罐"的操作效果

为什么要把第2年的利润总额做到400万元？因为第2年的业绩考核指标是400万元，舞弊者发现公司短缺了300万元，那它就可以在利润比较高的时候，比如第一年，先通过记录资产减值损失、存货跌价准备，"储存"300万元的利润。它以资产减值损失的名义把资产压下去300万元，以后就会反转出来300万元的利润。

这就像事先在甜饼罐里储存好多曲奇饼，什么时候肚子饿了，想要做大利润了，就拿出来填肚子。所以，这种"合规"操纵，被称作"cookie jar"，即"甜饼罐"。"甜饼罐"的原理是，计提存货跌价准备时，可取得调减资产、调减利润的效果；转回存货跌价准备时，可取得调增资产、调增利润的效果。这样，会计利润就可以在各年度间转移。

有人受到"甜饼罐"的启发，推出了更大胆的资本市场操纵手法，即"大洗澡"（big bath）。例如，某公司新董事长上任，其预测公司未来十年每年都会亏损10万元。年年亏损，没有奖金，那形象不好啊！怎么办呢？有了资产减值会计，就很好办。

新官上任三把火。你有没有注意到，世界知名的企业也有这么干的。新董事长说，我们面临严峻挑战，要励精图治，实施资产重组，关键一条是要在上任第一年，进行巨额的资产减记。比如，借记"资产减值损失"1 000万元，贷记"存货跌价准备"1 000万元。把资产"做"下来，把利润"做"下来。然后呢，后面9年，每年都宣布导致以前资产减值的因素已经消失，每年都转回存货跌价准备100万元。借记"存货跌价准备"100万元，贷记"资产减值损失"100万元。如此，就可以把"连续十年亏损"转变为"一年亏损，九年盈利"。"大洗澡"的操作效果如图4-4所示。

预测未来10年每年均亏损10万元。

第一年计提存跌价准备1 000万元。后续9年，每年都转回存货跌价准备100万元。

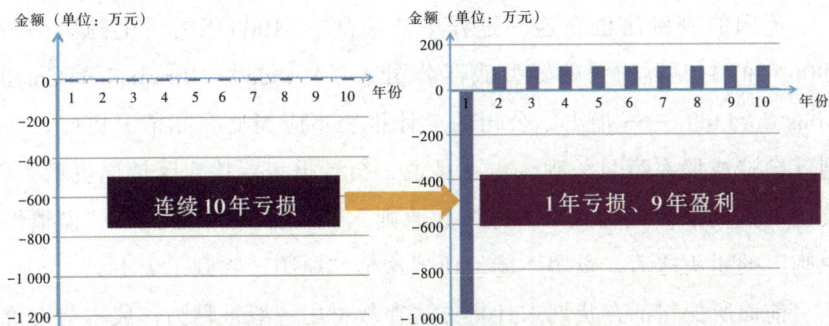

图4-4　"大洗澡"的操作效果

看到这样的"业绩表现"，人们就疯狂了呀。人们说：这位企业家真的是有雄才大略，他上任第一年，这家公司还巨额亏损呢！你看人家，铁腕改革、力挽狂澜，第二年就扭亏为盈了，并且实现连续9年盈利。这样的企业家，难道不应该当选史上最"牛"企业家吗？

其实，第一年损失1 000万元，后面9年利润总额为900万元，合在一起，它还是亏损100万元。可是经过财务包装，它的形象全然不同。其中的奥妙，就在第一年的巨额资产减值。也就是，第一年要"让我一次亏个够"，后面9年什么也不用干，就能连续收割各种利益。

实践中，连年略微亏损的企业可能会采用先进行巨额的存货跌价准备做出巨额亏损，再在以后年度转回存货跌价准备的手法，做出相当"引人入胜"的业绩表现。如此一来，资产负债表和利润表就变成了"任人打扮的小姑娘"。

这么奇怪的会计规则是怎么设计出来的呢？其实这源自国外的一些不当会计理论。早期的法律和司法实践在一定程度上促进了这样的会计规则形成。例如，英国《1844年股份公司法》确立了强制性股东自主审计制度，要求股东对公司的会计报表进行审计，给缺席股东看。美国《1933年证券法》在借鉴英国公司法的时候，设计出了强制性公共会计师审计制度，让上市公司出钱请公共会计师进行审计。英国《1947年公司法》后来也规定了强制性公共会计师审计制度。那么，作为乙方的公共会计师行业会为甲方设计出台特别有约束力的、刚性化的会计规则，还是令甲方特别舒适的、弹性化的会计规则呢？答案是显而易见的。会计规则的弹性化是强制性公共会计师审计制度的必然结果。①

英国的判例法也在这一过程中"添乱"。1906年的一个判例——1906年的牛顿诉伯明翰轻型武器公司案（Newton vs. Birmingham Small Arms Co. Ltd）——指出，公司的会计报表不应当比实际情况更好，否则就会造成股东盲目乐观。也就是说，会计报表要比实际情况更糟。②英国的判例法由此确立了"谨慎性原则"。公司高管们尝到了"谨慎性原则"的甜头之后，欲罢不能，便把这个"原则"吹到了天上。

前面所探讨的存货期末计量方法在教材中一般被称为"成本与市价孰低法"，它在英文教材中有两种说法，一种是 lower of cost or market（LOCOM），另一种是 "cost or market, whichever is lower"，后者看起来有些奇怪，常常令初学者感到困惑。

早在20世纪30年代，业界前辈潘序伦先生就曾撰文批评该方

---

①　周华，戴德明，刘俊海. 增强审计监督合力——基于注册会计师行业职能的历史考察［J］. 中国社会科学，2022（4）.

②　英国1906年的牛顿诉伯明翰轻型武器公司案（Newton v. Birmingham Small Arms Co. Ltd）的判决书指出，只要公司的实际情况不比资产负债表差，那么设置秘密准备的做法就不违反《1900年公司法》。反正资产负债表只要不让股东惊讶就行。英文原文如下："The purpose of the balance sheet is primarily to show that the financial position of the company is at least as good as there stated, not to show that it may not be better."

法，①以杨纪琬先生为代表的当代会计学者也曾在 20 世纪 90 年代初声讨舶来的"成本与市价孰低法"。②在这种做法下，计提存货跌价准备时只要求具备"确凿证据"，会计记录本身是缺乏法律事实的，也就是说，计提存货跌价准备的记账行为缺乏原始凭证的佐证。因此，在企业所得税纳税申报时，税法不允许把资产减值损失列入扣除项目，企业需要针对计提的资产减值损失进行纳税调整。依照《中华人民共和国企业所得税法》的规定，企业如有实质性资产损失，合法的操作是报请税务机关进行资产核销处理。

二、固定资产、无形资产等长期资产的减值

《企业会计准则第 8 号——资产减值》规定，企业应当在资产负债表日，也就是结账并编制资产负债表之日，考虑计算固定资产等长期资产的资产减值损失。如果（长期）资产存在减值迹象，企业就应估计其可收回金额（recoverable amount）。

可收回金额应当根据"资产的公允价值减去处置费用后的净额"与"资产预计未来现金流量的现值"两者之中的较高者确定。也就是说，固定资产既可以卖掉，也可以自己用。如果卖掉，它能卖多少钱？如果自己用，它值多少钱？哪个合算，就按哪个算。固定资产减值准备的计提规则如图 4-5 所示。

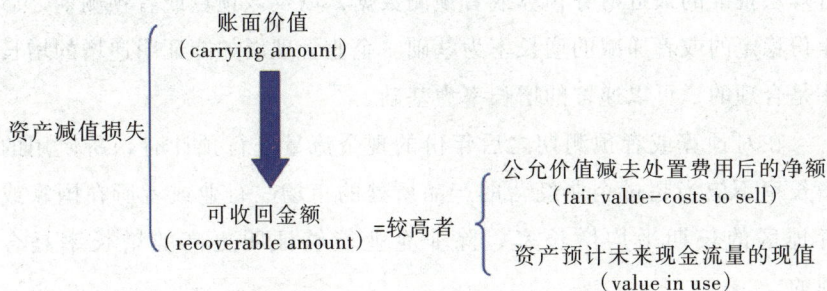

图 4-5　固定资产减值准备的计提规则

① 潘序伦先生指出，成本与市价孰低法"即在市价跌落时，承认其未实现损失，而在市价高涨时，不承认其未实现利益是也"，此种矛盾方法，对于损益计算"诚可尽其歪曲之能事，实是会计原理上及实务上之大患也"。原文出处：潘序伦. 存货估价问题 [J]. 立信会计季刊，1931（3）；潘序伦. 存货计价论 [J]. 立信会计季刊，1949（16）；潘序伦. 潘序伦文集 [M]. 上海：立信会计出版社，2008.
② 杨纪琬. 对当前几个会计问题的思考 [J]. 会计研究，1996（2）.

　　"资产的公允价值减去处置费用后的净额"相当于存货的可变现净值，说的是如果卖掉，能卖多少钱。这个好歹咱们还能猜出来它是什么意思。它的计算全靠估计，因为企业并没有真的变卖固定资产，这个数值就是"猜"出来的。

　　"资产预计未来现金流量的现值"可称作"在用价值"，即主观上认为该资产的价值应为多少。一个人之所以计算一项资产的现值，通常是因为想要清楚了解这项资产在今天的价值是否准确，而现值的计算却要求人们合理估计未来的现金流量，还要用旨在反映投资的真实成本以及投资者所要求的最低回报率的折现率，在指定的期间内把现金流量折现为现值，未来充满着不确定性，相关计算也就难以准确。因此相关的国际会计准则给予企业较大的自由度。国际会计准则规定，对于计算现值所需要估计的未来的现金流量、折现期间、折现率，企业管理层需要以其最佳估计数予以确定。

　　我们现在逐项拆解这三个参数。

$$\text{预计未来现金流量的现值} = \sum_{t=1}^{n} \frac{\text{第}t\text{期的现金流量}}{(1 + \text{折现率}r)^t}$$

　　1.现金流量的估计

　　国际会计准则规定，企业管理层应当在合理和有依据的基础上对资产剩余使用寿命内整个经济状况进行最佳估计。估计时，应当以经企业管理层批准的最近财务预算或者预测数据，以及该预算或者预测期之后年份稳定的或者递减的增长率为基础。企业管理层如能证明递增的增长率是合理的，可以递增的增长率为基础。

　　在对预算或者预测期之后年份的现金流量进行预计时，所使用的增长率不应当超过企业经营的产品所处的市场、行业或者所在国家或者地区的长期平均增长率，除非企业能够证明更高的增长率是合理的。

　　总之，现金流的增长率可以是递减的或稳定的，也可以是递增的。也就是说，现金流的形态最终由计算者本人自行确定。

　　2.折现期间的估计

　　国际会计准则规定，建立在预算或者预测基础上的资产未来现金流量最多涵盖5年。企业管理层如能证明更长的期间是合理的，则可以涵盖更长的期间。也就是说，固定资产未来现金流量的折现期间由计算者本人自行确定。

3.折现率的估计

国际会计准则转弯抹角地解释了很大篇幅，也没有给出令人信服的说辞。现在我们来一起找国际准则里的"小毛驴"（折现率）。折现率是反映当前市场货币时间价值和资产特定风险的税前利率，是企业在购置或者投资资产时所要求的必要报酬率。折现率的确定通常应当以该资产的市场利率为依据。无法从市场获得的，可以使用替代利率估计折现率。

你找了好多天"小毛驴"，最后发现还要接着找替代利率。替代利率可以根据加权平均资本成本（WACC）、增量借款利率或者其他相关市场借款利率作适当调整后确定。调整时，应当考虑与资产预计未来现金流量有关的特定风险以及其他有关的货币风险和价格风险等。增量借款利率取决于计算者本人的主观选择。"其他"相关市场利率等于没说。那就只剩下一个加权平均资本成本。

我们知道，在政治经济学中，资本是指能够带来剩余价值的价值。而在公司金融理论中，资本是指长期资金，即资产负债表右侧去掉营运资金后剩下来的部分，也就是非流动负债和股东权益。

我们用b来表示债务融资，你可以把它理解为borrowing或者bond；用s来表示权益融资，你可以把它理解为share或者stock。加权平均资本成本等于债务融资的比重w_b乘以债务融资的资本成本r_b，加上权益融资的比重w_s乘以权益融资的资本成本r_s。

b的权重　b的必要报酬率

$$WACC = w_b \times r_b + w_s \times r_s$$

s的权重　s的必要报酬率

例如，某公司的长期资金（公司金融理论所称的资本）40%来源于长期借款，利率为10%，60%来源于股权融资，则其加权平均资本成本可表示为：

$$WACC = w_b \times r_b + w_s \times r_s$$
$$= 40\% \times 10\% + 60\% \times r_s$$

但这个世界上没有哪一门科学能够精确地刻画股价的形成机制、股票的资本成本。也就是说，没有哪一门科学能够精确地计算 r_s。

这时候，就有人跳出来说了：有个获得了诺贝尔奖的成果，能够算股票的资本成本，或者说股票的必要报酬率，这就是资本资产定价模型（capital asset pricing model，CAPM）。资本市场定价模型说，第 i 只股票的必要报酬率 r_i，就等于无风险报酬率 r_f，加上风险报酬。风险报酬等于该只股票与大盘的 β 系数乘以市场风险溢价。市场风险溢价用市场组合的报酬率 R_M 减去无风险报酬率 r_f 来衡量。CAPM 可用公式表示如下：

$$r_i = r_f + \beta_i (R_M - r_f)$$

比如说，某只股票的 β 系数为 2，就意味着在历史上，当大盘获得 1% 的风险溢价时，该只股票获得了 2% 的风险溢价。那么，当 r_f 为 5%，r_M 为 15% 的时候，该只股票的必要报酬率 r_i 可计算如下：

$$r_i = r_f + \beta_i (R_M - r_f)$$
$$= 5\% + 2 \times (15\% - 5\%) = 25\%$$

对于上面的说法，有几点偏差需要纠正。

首先，CAPM 模型并不是诺贝尔奖的成果，而是俗称的"诺贝尔经济学奖"。诺贝尔经济学奖并不是一个准确的提法，其全称是"为纪念诺贝尔先生特设瑞典银行经济学奖"，它由瑞典银行创立于 1968 年。而诺贝尔奖，则是根据诺贝尔先生的遗嘱自 1901 年开始颁发的。

其次，世界上并不存在统一的证券市场，也就没有统一的市场组合。R_M 是不存在的。

再次，世界上不存在无风险报酬率，教科书往往用某一日期发行的、特定期限的某国国债利率来代替。

最后，β 系数是个股回报率 r_i 与市场组合回报率 R_M 的协方差 $Cov(r_i, R_m)$，与市场组合回报率 R_M 的方差 $Var(R_m)$ 的比值，它只是一个历史统计指标。

$$\beta_i = \frac{Cov(r_i, R_m)}{Var(R_m)}$$

由此可见，加权平均资本成本的计算取决于企业管理层的"想法"，属于以历史预测未来的套路。

总之，国际会计准则关于现金流量、折现期、折现率的规则都缺乏合理依据。现值算法让企业能够有很大的自由度，这就给了管理层极大的财务报表操纵空间。

国际会计准则规定，如果估计结果表明资产的可收回金额低于其账面价值（账面价值虚高），则应将该资产的账面价值减记至可收回金额。如果估计结果表明资产的可收回金额低于其账面价值（账面价值虚高），则应将该资产的账面价值减记至可收回金额。

企业设"固定资产减值准备"科目核算企业固定资产的减值准备。该科目贷方登记计提的减值准备，借方登记结转出去的减值准备，期末贷方余额反映企业已计提但尚未转销的固定资产减值准备。

计算固定资产减值准备时，借记"资产减值损失"科目，贷记"固定资产减值准备"科目。这笔会计分录把预期当作现实，在会计报表上减记了资产和利润。

三、金融资产的减值

《企业会计准则第22号——金融工具确认和计量》规定，企业应当以预期信用损失（expected credit losses）为基础进行减值会计处理并确认损失准备（loss allowance）。

金融工具准则对金融资产减值的规定通常称为"预期信用损失模型"（Expected Credit Loss Model）。在预期信用损失模型下，减值准备的计提不以减值的实际发生为前提，而是以未来可能的违约事件造成的损失的期望值，来计量当前（资产负债表日）应当确认的减值准备。信用损失（credit loss），是指采用原实际利率（effective interest rate）计算的，各期根据合同约定应收取的现金流量与预期收取的现金流量之间的差额[1]的现值（或者称为二者现值之差）。预期信用损失（expected credit losses），是指以金融工具的违约风险（或称信用风险、违约概率）[2]为权重所计算的信用损失的加权平均值。

---

[1] 即现金流缺口（cash shortfalls）。
[2] 准则所称信用风险、违约风险与违约概率系同义语。

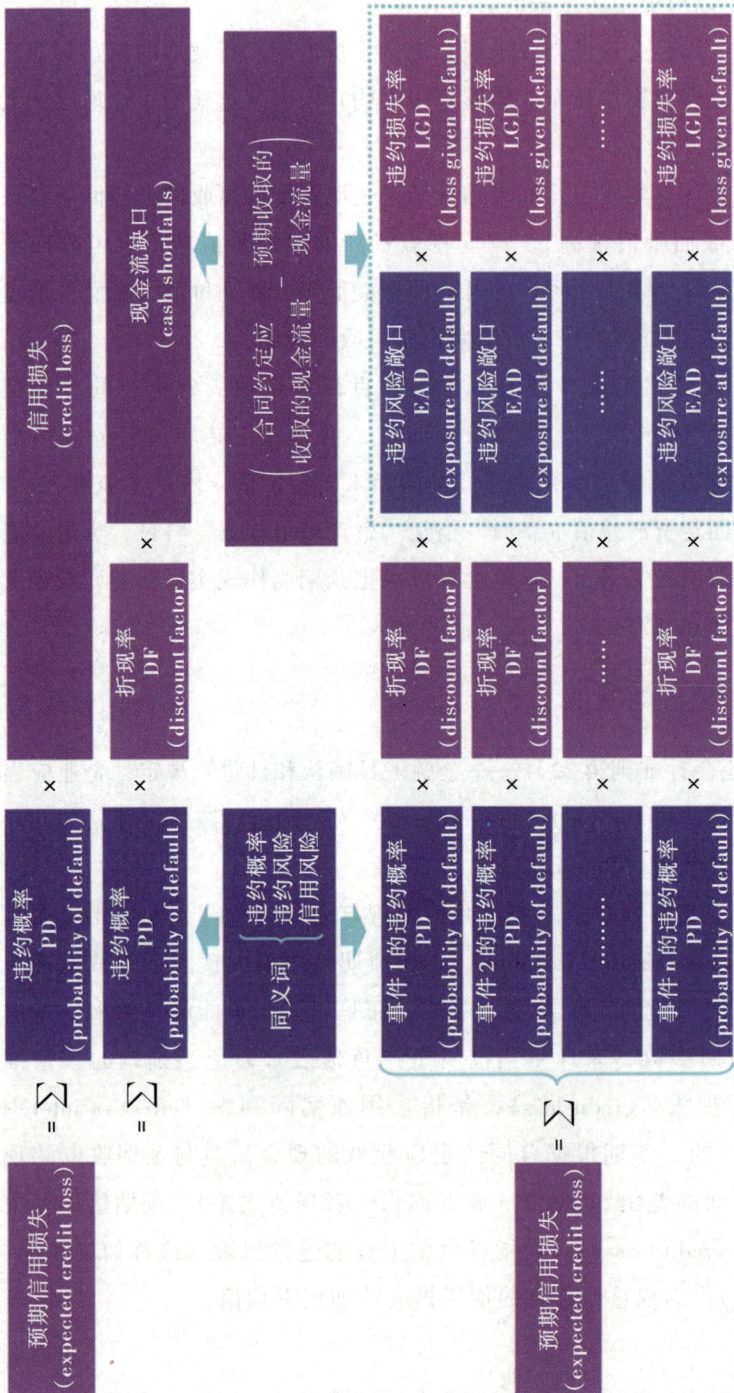

信用损失
(credit loss)

现金流缺口
(cash shortfalls)

$\left(\begin{array}{l}\text{合同约定应} \\ \text{收取的现金流量}\end{array} - \begin{array}{l}\text{预期收取的} \\ \text{现金流量}\end{array}\right)$

违约损失率 LGD (loss given default) × 违约损失率 LGD (loss given default) × …… × 违约损失率 LGD (loss given default)

违约风险敞口 EAD (exposure at default) × 违约风险敞口 EAD (exposure at default) × …… × 违约风险敞口 EAD (exposure at default)

×

折现率 DF (discount factor)

折现率 DF (discount factor) × 折现率 DF (discount factor) × …… × 折现率 DF (discount factor)

×

违约概率 PD (probability of default)

违约概率 PD (probability of default)

同义词 $\left\{\begin{array}{l}\text{违约概率} \\ \text{违约风险} \\ \text{信用风险}\end{array}\right.$

事件 1 的违约概率 PD (probability of default) × 事件 2 的违约概率 PD (probability of default) × …… × 事件 n 的违约概率 PD (probability of default)

$= \sum$

$= \sum$

$= \sum$

预期信用损失
(expected credit loss)

预期信用损失
(expected credit loss)

第二节　合并报表

听到"合并报表"（consolidated statements），很多人会觉得那真是很高端、大气、上档次。但实际上，合并报表并不是会计报表，它在法律上的证明力常常无限接近于零。

早在20世纪初英国、美国的证券市场上，持股比例超过简单多数控股（majority ownership）的股权投资的投资方就可以通过编制合并报表，来营造资产规模大、盈利水平高的形象了。1959年8月，经美国证监会授权、负责拟定证券市场会计信息披露规则即"公认会计原则"（GAAP）的私立机构——美国注册会计师协会（AICPA）旗下的会计程序委员会（Committee on Accounting Procedures，CAP）公布了《会计研究公报第五十一号——合并财务报表》。该公报第一段开宗明义地提出了一个假定："如果一家公司对其他公司存在控制性的金融利益，则在此情形下，合并报表比个别报表更能够体现公允列报的要求。"对《会计研究公报第五十一号——合并财务报表》的解读如图4-6所示。

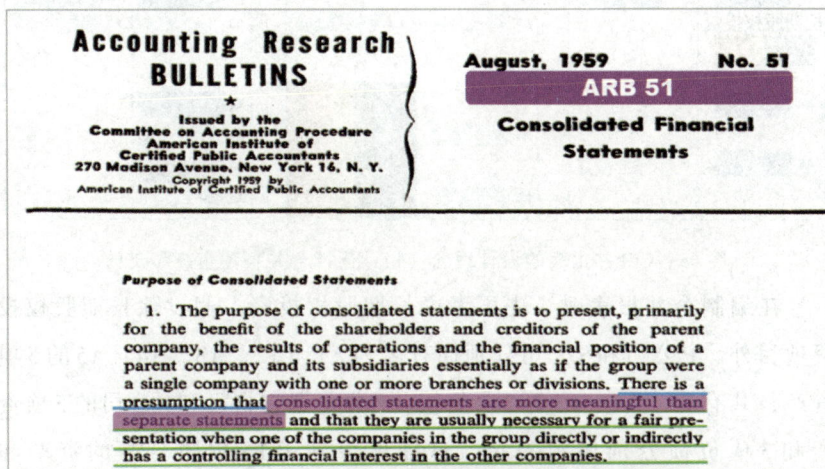

图4-6　《会计研究公报第五十一号——合并财务报表》解读图

合并报表的逻辑是这样的：母公司（Parent company，简称P公司）持有子公司（Subsidiary，简称S公司）50%以上的股权。P公司编制自己的会计报表之后，如果觉得资产规模不够大、盈利水平不够高，就可以把S公司的会计报表拿过来，"拿着报表编报表"，这就是近乎于虚构出来的PS集团合并报表。如果P公司对它的股东和债权人宣称，"PS集团合并报表能够真实地反映企业集团的财务状况、经营成果和现金流量"，那么这种说法就是在用虚幻来替代现实。

P公司是怎么做"PS"的呢？这里运用"图形直观"来帮助大家把握合并报表的编报思路。我们以100%控股的情形为例。P公司收购了S公司老股东所持有的S公司的100%股权，从而成为S公司的母公司。这样，在P公司的资产负债表上，便出现了一项长期股权投资。P的出资额（长期股权投资的入账成本）恰好等于S的所有者权益。逐行合并各项资产和负债如图4-7所示。

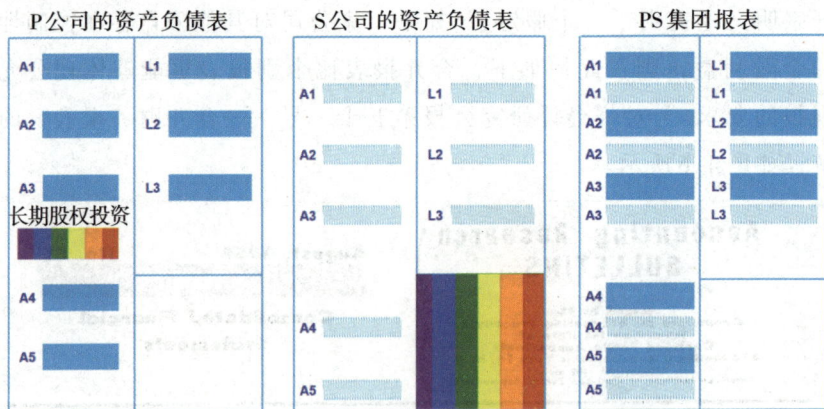

图4-7　合并报表的设计理念（1）：逐行合并各项资产和负债

在编制合并报表时，先不考虑长期股权投资。假设除长期股权投资项目外，P公司和S公司分别拥有名为A1、A2、A3、A4、A5的5项资产，共有L1、L2、L3等3项负债。P公司把它自己和S公司的5项资产和3项负债分别加到一起，这样就得到了PS集团合并的资产和负债。

对于S公司来说，由于其资产和负债均已经加到集团报表里，因此其所有者权益信息便成为冗余信息。对于P公司来说，由于其长期股权投资的价值也已经通过合并进来的子公司的资产和负债的形式予以体现，因此报表中的长期股权投资也变成了冗余信息。在 P 公司持股 100%，其长期股权投资恰好等于 S 公司的所有者权益的情况下，集团资产负债表中应当直接将两者注销。删除重复信息如图 4-8 所示。

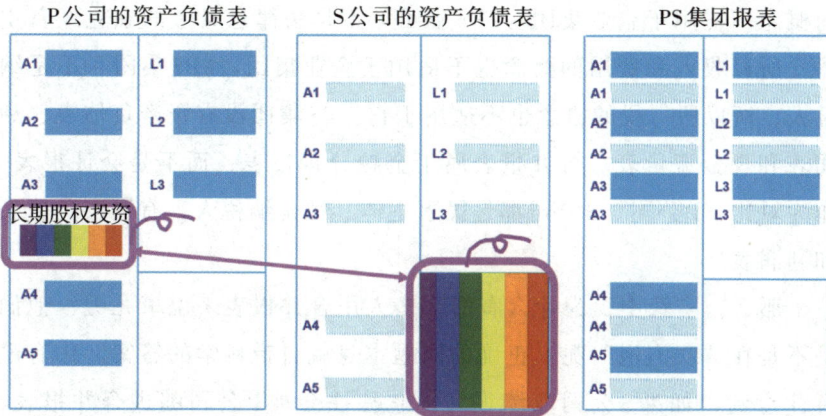

P公司的资产负债表　　　　　S公司的资产负债表　　　　　PS集团报表

长期股权投资

图 4-8　合并报表的设计理念（2）：删除重复信息

可见，"consolidated statement" 名副其实，它真的就是 "堆堆儿" 堆出来的。P 公司和 S 公司的 5 项资产和 3 项负债需要一行一行地加起来，这种做法被称作 "逐行合并"（line-by-line consolidation）。

合并报表并不是会计报表，它不是 "审核原始凭证—填制记账凭证—登记会计账簿—编制会计报表" 等会计程序的产物，而是 "拿着报表编报表"——硬编出来的。合并报表本质上是一种金融分析表。有些人之所以习惯于把合并报表称作会计报表，那只是因为它看起来像是会计报表，正如同鲸看起来像是鱼，但实际上并不是鱼一样。

为什么说合并报表缺乏法律证明力呢？让我们从一个民法原理展开分析。在民法上，"PS集团" 并不构成民事主体。因为，大家知道，民法上禁止双重法人。什么意思呢？意思是说，既然母公司（P公司）和子公司（S公司）分别是独立法人，那么法律上就不能再允许它们构造出新的法人了。否则的话，母公司和众多子公司基于各种排列组合将会造出来数不清的法人，那就太"魔幻"了。《中华人民共和国民法典》第五十七条规定，法人是具有民事权利能力和民事行为能力，依法独立享有民事权利和承担民事义务的组织。作为对比，"PS集团"这种提法缺乏法律依据。财产权利（资产）和债务（负债）都是就民事主体而言的，而"PS集团"不是民事主体，所以资产和负债的概念不适用于企业集团。"PS集团"不是法律意义上的独立经营主体，所以收入和费用的概念也不适用于企业集团。"PS集团"不是纳税人，所以所得税的概念也不适用于它。PS集团没有资产负债表、利润表和现金流量表。合并报表属于金融分析报表，而不是会计报表。作为对比，P公司、S公司都是民事主体、都是纳税人，有资产负债表和利润表。

那么，实践中，为什么有那么多人用合并报表来说事儿呢？他们是不是在"吹泡泡"呢？正确的问题本身就自带科学的答案。你有没有注意到，如果S公司业绩很好，它往往会被P公司编进合并报表，如果S公司业绩欠佳，它往往就不被编进合并报表。通常，合并报表显得比P公司个别报表资产规模更大、盈利水平更高。这就是为什么P公司热衷于"拿别人的报表，编自己的故事"。在做财务分析的时候，合并报表和母公司报表哪个具有法律上的证明力呢？你心里就会有一杆秤了。

第三节　权益法

看到那些持股超过50%的投资方十分欢乐地编制合并报表，那些持股比例比较高、但没超过50%的投资方就问公共会计师：我们能不能也"用别人的报表，编自己的故事"？公共会计师回答：可以啊！你就用自己的持股比例乘以被投资单位的所有者权益，来列报你的股权投资吧！这个方法因此得名"权益法"（the equity method）。权益法的设计理念：单行合并如图4-9所示。

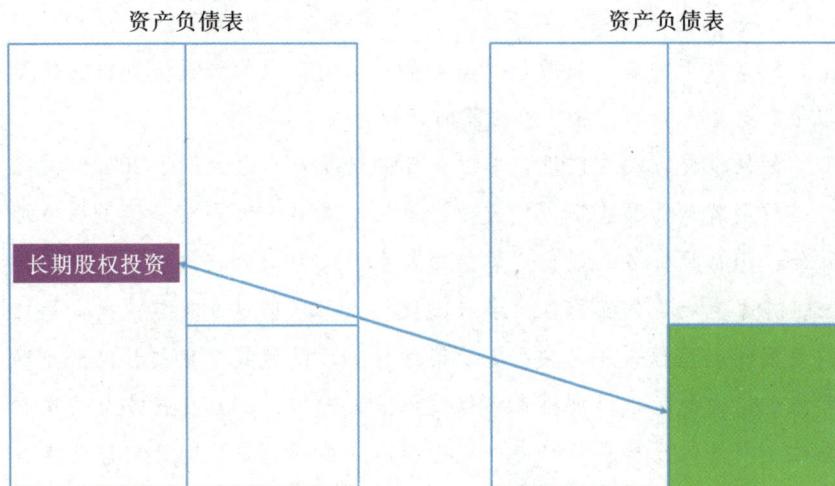

图4-9　权益法的设计理念：单行合并

一、权益法的适用情形

权益法适用于以下两种情形。

一是，投资方能够与其他合营方（joint venturer）一起对被投资单位实施共同控制（joint control）的权益性投资，即对合营企业（joint venture）的股权投资。共同控制，是指按照相关约定对某项安排所共有的控制，并且该安排的相关活动必须经过分享控制权的参与方一致同意后才能决策。合营企业，是指仅对其安排的净资产享有权利的合营方。

二是，投资方对被投资单位具有重大影响（significant influence）的权益性投资，即对联营企业（associate）的股权投资。重大影响，是指投资方对被投资单位的财务和经营政策（financial and operating policy）有参与决策的权力，但并不能够控制或者与其他方一起共同控制这些政策的制定。关于这个定义，也存有激烈争议。

专栏4-1　如何判断是否具有"重大影响"？

实务界普遍感到难以判断股权投资是否对被投资单位具有重大影响。为了尽可能地统一操作口径，国际会计准则给出了参考标准。

如果投资方直接地或通过子公司间接地拥有被投资单位20％以上、50％以下的表决权股份，国际会计准则就认为该投资方对被投资单位具有重大影响，除非有相反的证据存在。

如果投资方拥有被投资单位有表决权股份的比例低于20％，国际会计准则就认为该投资方对被投资单位不具有重大影响，但下列情形除外：（1）投资方在被投资单位的董事会或类似的权力机构中派有代表，并享有相应的实质性的参与决策权；（2）投资方参与被投资单位的政策制定过程，并且在制定政策过程中可以为其自身利益提出建议和意见，由此可以对被投资单位施加重大影响；（3）投资方与被投资单位之间发生重要交易，有关的交易因对被投资单位的日常经营具有重要性，由此可以对被投资单位施加重大影响；（4）投资方向被投资单位派出管理人员，并且该管理人员有权力并负责被投资单位的财务和经营活动，从而对被投资单位施加重大影响；（5）被投资单位的生产经营依赖投资方的技术资料，从而表明投资方对被投资单位具有重大影响；（6）投资方其他足以证明投资方对被投资单位具有重大影响的情形。

不难看出，即便如此，"重大影响"的判断仍然存在相当大的主观性。会计理论界至今仍无法对"为何以20％作为权益法的起始适用标准"给出合理的解释。实践中，也的确存在围绕这一比例做文章的现象。

值得注意的是，前面的图中有些中英文概念和术语系会计准则特有的提法，很多人感到很费解。比如控制（control）、共同控制（joint control）、重大影响（significant influence）、合营企业（joint venture）、联营企业（associate）等。特别是 joint venture 这个词，原本泛指各种形式的合资企业，但在国际准则里特指合营企业。

二、权益法的设计思路

如前所述，会计准则要求企业采用权益法核算对合营企业和联营企业的股权投资。

在权益法下，企业需要在"长期股权投资"科目下设置"成本"

"损益调整""其他综合收益""其他权益变动"等明细科目，以确保长期股权投资的账面价值随着被投资单位所有者权益的变动而相应地变动，大体上反映投资方在被投资单位所有者权益中所占有的份额。作为对比，在成本法下，不需要设置这些明细科目。来看【例4-2】，我们先来了解一下权益法最初的设计思路。

【例4-2】中恒投资股份公司斥资3 000 000元对德意商贸有限公司进行投资，其占后者表决权的比例为30%。在投资时，后者的股东权益（又称净资产，下同）为10 000 000元。

（1）投资时的会计处理。

借：长期股权投资——成本　　　　　　　　　3 000 000

　　贷：银行存款　　　　　　　　　　　　　　　　　　3 000 000

此时，"长期股权投资"总账金额为300万元，恰为被投资单位所有者权益（1 000万元）的30%。

（2）在"理念"上分享被投资单位的净利润（或分担被投资单位的净亏损）时的会计处理。

投资后，德意商贸有限公司的年度财务会计报告显示其实现的净利润为500万元，其净资产增长为1 500万元。据此，中恒投资股份公司根据假想的对被投资单位净利润的分享额作如下记载：

借：长期股权投资——损益调整　　　　　　1 500 000

　　贷：投资收益　　　　　　　　　　　　　　　　　1 500 000

如此，"长期股权投资"总账金额为450万元，恰为被投资单位股东权益（1500万元）的30%。

大家想一想，借记"长期股权投资——损益调整"、贷记"投资收益"的会计分录，使得资产和利润同步增加，这个利润是真的利润，还是假的利润？假的。

投资方在记载投资收益的时候，究竟有没有收到被投资单位分配的利润？没有。显然，权益法下所记载的投资收益，是典型的"黄粱美梦利润"。被投资单位即使不分红，投资方也能记录利润。这个规则给人们的想象力加上了翅膀。

"用别人的报表，编自己的故事"。合并报表的奇迹，权益法同样也能做到。所以权益法得到了一个响当当的名号——"单行合并"(one-line consolidation)。就是说,它能在资产负债表的"长期股权投资"项目这一行里面,反映被投资单位所有者权益在理论上归属于投资方的份额。作为对比,合并报表被称作"逐行合并"(line-by-line consolidation),即一行一行地在合并工作底稿上把资产、负债合并起来。权益法(单行合并)与合并报表(逐行合并)之比较如图4-10所示。

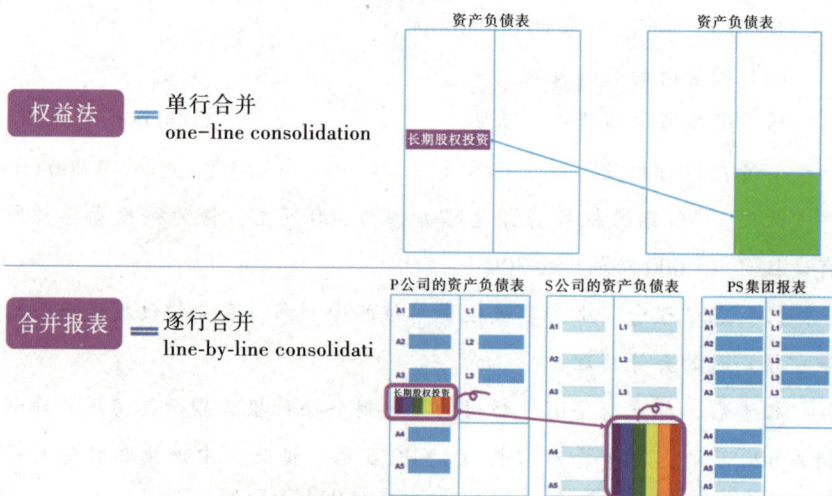

图4-10　权益法(单行合并)与合并报表(逐行合并)之比较

　　为了达到所谓"合规"的目的,西方的那些"会计专家"们将长期股权投资的账面价值调整到了450万元。得出这个数字的依据是他们不太青睐的"历史成本",还是他们较为认可的"公允价值"呢?实际上,通过分析我们可以明确:它既不是严格意义上的历史成本,也不是完全精确的公允价值,它只是许许多多股票估值模型里面比较容易理解的一种。

　　权益法本质上是金融分析规则,而不是会计规则。利润表中的"投资收益"项目下,单独列出了一行"其中:对联营企业和合营企业投资的收益",这一行的含义,你现在读懂了吗?在业绩评价、财务分析、纳税申报等环节,都需要考虑权益法的一系列影响。

　　现在,我们来看权益法如何"拿别人的报表,编自己的故事",

如图4-11所示。被投资单位的所有者权益是1 500万元，乘以30%，就是投资方的长期股权投资。被投资单位的净利润是500万元，乘以30%，就是投资方的投资收益。这些"投资收益"会使多少投资者心潮澎湃啊！

再来看，当被投资单位宣布分配利润时，如何进行会计处理。德意商贸有限公司宣布利润分配方案，共向有表决权的股东分配现金股利200万元，分配后，其净资产将减少至1 300万元。中恒投资股份公司的应收股利为60万元。据此，借记"应收股利"60万元。但被投资单位的所有者权益减少了200万元，权益法要求投资方按照持股比例记录被投资单位所有者权益的减少，因此贷记"长期股权投资——损益调整"60万元。

借：应收股利　　　　　　　　　　　　　　　600 000

　　贷：长期股权投资——损益调整　　　　　　　　600 000

如此，"长期股权投资"总账金额为390万元，恰好为被投资单位股东权益（1 300万元）的30%。

权益法是以"持股比例×被投资单位的股东权益"的金额来列报股权投资。权益法正是因此而得名。

权益法的效果就像是用镜子照被投资单位的报表，"拿别人的报表编自己的故事"，使得长期股权投资的列报金额保持等于"持股比例×被投资单位的股东权益"。权益法的效果示意图如图4-12所示。

投资方

资产负债表　　单位：万元

资产	金额
流动资产：	
货币资金	
交易性金融资产	
存货	
……	
非流动资产：	
债权投资	
其他债权投资	
长期股权投资	450
其他权益工具投资	
投资性房地产	
固定资产	
无形资产	
递延所得税资产	
资产总计	
负债及股东权益：	
流动负债：	
交易性金融负债	
应付账款	
……	
非流动负债：	
长期借款	
长期应付款	
预计负债	
递延所得税负债	
负债合计	
股东权益：	
股本	
资本公积	
盈余公积	
未分配利润	
股东权益合计	
负债及股东权益总计	

利润表　　单位：万元

项目	金融
一、营业收入	
减：营业成本	
税金及附加	
销售费用	
管理费用	
研发费用	
财务费用	
加：其他收益	
投资收益	
其中：对联营企业和合营企业投资的收益	150
公允价值变动收益	
资产减值损失	
信用减值损失	
二、营业利润	
加：营业外收入	
减：营业外支出	
三、利润总额	
减：所得税费用	
四、净利润	

被投资单位

资产负债表　　单位：万元

资产	金额
流动资产：	
货币资金	
交易性金融资产	
存货	
……	
非流动资产：	
债权投资	
其他债权投资	
长期股权投资	
其他权益工具投资	
投资性房地产	
固定资产	
无形资产	
递延所得税资产	
资产总计	
负债及股东权益：	
流动负债：	
交易性金融负债	
应付账款	
……	
非流动负债：	
长期借款	
长期应付款	
预计负债	
递延所得税负债	
负债合计	
股东权益：	
股本	
资本公积	
盈余公积	
未分配利润	
股东权益合计	1 500
负债及股东权益总计	

利润表　　单位：万元

项目	金融
一、营业收入	
减：营业成本	
税金及附加	
销售费用	
管理费用	
研发费用	
财务费用	
加：其他收益	
投资收益	
其中：对联营企业和合营企业投资的收益	
公允价值变动收益	
资产减值损失	
信用减值损失	
二、营业利润	
加：营业外收入	
减：营业外支出	
三、利润总额	
减：所得税费用	
四、净利润	500

图4—11　权益法"拿别人的报表编自己的故事"之效果

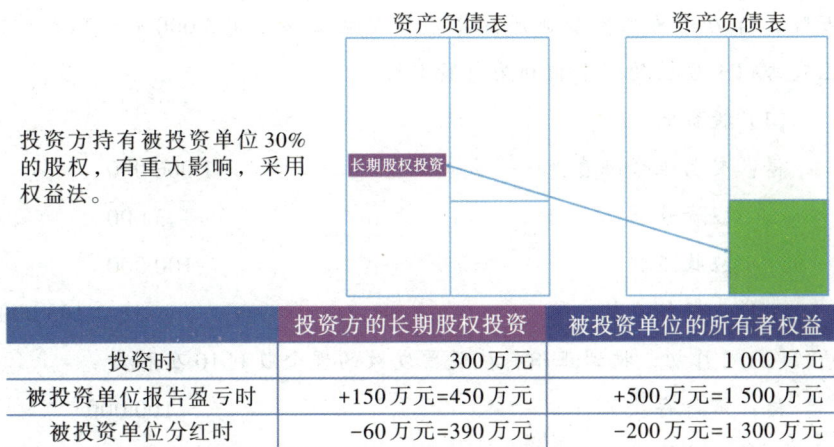

投资方持有被投资单位30%的股权，有重大影响，采用权益法。

资产负债表　　　　资产负债表

长期股权投资

	投资方的长期股权投资	被投资单位的所有者权益
投资时	300 万元	1 000 万元
被投资单位报告盈亏时	+150 万元=450 万元	+500 万元=1 500 万元
被投资单位分红时	-60 万元=390 万元	-200 万元=1 300 万元

图 4-12　权益法的效果示意图

第四节　公允价值会计

公允价值会计是美国证券市场自 1990 年起强力推广的一股思潮。受国际财务报告准则影响，我国《企业会计准则第 13 号——或有事项》规定，"企业提供的会计信息应当与财务会计报告使用者的经济决策需要相关，有助于财务会计报告使用者对企业过去、现在或者未来的情况做出评价或者预测"。这种理念就是理论界所称的"相关性"（relevance）原则。

根据《企业会计准则——基本准则》第四十二条的规定，公允价值是指市场参与者在计量日发生的有序交易中，出售资产所能收到或者转移负债所需支付的价格。

如果企业想用公允价值计量其股权投资，则可称之为"交易性金融资产"，按照"以公允价值计量且其变动计入当期损益"的规则来进行会计核算。

一、交易性金融资产的会计核算规则

【例 4-3】20×1 年 1 月初，安民实业股份公司用闲置的银行存款 1 100 000 元在证券市场购入拟短期持有的正阳科技股份公司的股票 10

万股，作为交易性金融资产核算。另发生交易费用 3 000 元。购入前，已宣告但未发放的现金股利为每股 1 元。

（1）投资时。

借：交易性金融资产——成本　　　　　　　　1 000 000

　　投资收益　　　　　　　　　　　　　　　　　3 000

　　应收股利　　　　　　　　　　　　　　　100 000

　贷：银行存款　　　　　　　　　　　　　　　　　　1 103 000

（2）2 月初，收到正阳科技股票发放的现金股利 10 万元。

借：银行存款　　　　　　　　　　　　　　　100 000

　贷：应收股利　　　　　　　　　　　　　　　　　　100 000

（3）12 月 31 日，正阳科技的股票市价飙升至收盘价每股 90 元，10 万股股票的公允价值为 9 000 000 元。为简化示例，前三个季度的盯市操作一律从略。

将交易性金融资产从成本 1 000 000 元盯到最新公允价值 9 000 000 元，需要记录公允价值变动 8 000 000 元。

借：交易性金融资产——公允价值变动　　　　8 000 000

　贷：公允价值变动损益　　　　　　　　　　　　　　8 000 000

（4）次年 1 月初，安民实业股份公司将正阳科技股票以每股 100 元全部售出。

借：银行存款　　　　　　　　　　　　　　10 000 000

　贷：交易性金融资产——成本　　　　　　　　　　1 000 000

　　　　　　　　　　——公允价值变动　　　　　　8 000 000

　　投资收益　　　　　　　　　　　　　　　　　1 000 000

二、交易性金融资产给企业经营管理和国民经济管理带来的挑战

"交易性金融资产"科目对企业经营管理和国民经济管理具有一定的负面影响。就拿前面的例子来说，企业的交易性金融资产是年初以 100 万元入账的，年末市场价值变成 900 万元，企业借记"交易性金融资产——成本"800 万元，贷记"公允价值变动收益"800 万元。这 800

万元就进入"营业利润"项目了。

1.公允价值会计给企业业绩评价带来的挑战

公允价值会计下会计报表的预期化如图4-13所示。

资产负债表	单位：万元		
资产	金额	负债及股东权益	金额
流动资产：		流动负债：	
货币 资金		交易性金融负债	
交易性金融资产	800	短期债务	
存货			
……		非 流动负债：	
非流动资产：		长期债务	
债权投资		预计负债	
其他债权投资			
长期股权投资		递延所得税负债	200
其他权益工具投资		股东权益：	
投资性房地产		股本	
固定资产		资本公积	
无形资产		盈余公积	
商誉		未分配利润	600
递延所得税资产			
资产总计	800	负债及股东权益总计	800

资产负债表	单位：万元
项目	金额
一、营业收入	
减：营业成本	
营业税金及附加	
销售费用	
管理费用	
财务费用	
资产减值损失	
加：公允价值变动收益	800
投资收益	
二、营业利润	800
加：营业外收入	
减：营业外支出	
三、利润总额	800
减：所得税费用	200
四、净利润	600

图4-13　公允价值会计下会计报表的预期化

企业管理实践中需要慎重对待"公允价值变动损益"这样缺乏法律证据的信息。

接下来，这800万元又进入"利润总额"项目了。那么，你认为这800万元应不应该交企业所得税呢？

2.公允价值会计给财税管理带来的挑战

可能有的同学觉得应该交企业所得税，有的同学觉得不应该交企业所得税，可能还有同学发现自己进入混沌状态了，说"既应该交，又不应该交企业所得税"。哈哈！那么，该交税还是不该交税呢？哪个观点有道理呢？其实啊，哪个观点都有道理。

认为这800万元的利润总额应该缴纳企业所得税的人会说：早在法国路易十四时代，科尔伯特（Colbert）就曾说过这么一句名言："税收是一门艺术。一门拔尽量多的鹅毛，而又让鹅叫声最小的艺术"。正所谓"要想学好金融学，就要先学好财政学，而要想学好财政学，就要先学好会计学"。金融学、财政学、会计学这些专业的知识是紧密相连的。

企业所得税纳税申报表就是基于利润表调整出来的。你看，纳税申报表的第一部分就是"利润总额的计算"，这些数据是从哪里来的？是利润表提供的。财税管理具有很强的会计信息依赖性，会计管理是财税管理的基础。这是财政理论里面普遍引用的共识。《中华人民共和国会计法》第七条规定，"国务院财政部门主管全国的会计工作。县级以上地方各级人民政府财政部门管理本行政区域内的会计工作。"

为什么要由财政机关主管会计工作呢？其中一个重要原因，就是会计工作不仅要为企业经营管理，而且要为国民经济管理提供具有法律证明力的信息。财税管理的会计信息依赖性如图4-14所示。那么，认为这800万应该交企业所得税的观点，它有没有道理呢？太有道理了啊。

再来看，认为这800万元不应该交企业所得税的观点，道理何在呢？持这种观点的人们说，不应当对纳税人并不拥有的东西征税，否则就违反了"税收公平"原则。如果你对纳税人并不拥有的800万元所谓的"利润"征税，这公平吗？不公平。你如果要收"吹牛税"的话，那些个"干啥啥不行，只有财技还行"的公司干脆就造出1亿元的假利润，交25%也就是2 500万元的真税，剩下来的7 500万元"净利润"就可以堂而皇之地算作每股收益，然后用几十倍到几百倍的市盈率乘以每股收益去给自己的股票估值，它就有可能骗散户更多的钱。这对整个社会公平吗？不公平。

你听到这两种论证之后是不是大吃一惊。啊呀呀，对同一个问题，居然有两套结论相反却都能自圆其说的观点，学文科并不容易。这是为什么呢？因为文科涉及幸福、是非、价值观和行为规则等理念问题，从不同的价值观出发，可能会形成不同的结论。人文社会科学领域的百花齐放、百家争鸣，使得立法研究者有机会做到"兼听则明"。从人民、民族、国家的长远利益出发，对那800万元不征收企业所得税的立场更为可取。

利润表

会企02表

编制单位：　　　　　年　　　　　单位：元

项目	金额
一、营业收入	
减：营业成本	
税金及附加	
销售费用	
管理费用	
研发费用	
财务费用	
其中：利息费用	
利息收入	
加：其他收益	
投资收益（损失以"—"号填列）	
其中：对联营企业和合营企业投资的收益	
公允价值变动收益（损失以"—"号填列）	
信用减值损失（损失以"—"号填列）	
资产减值损失（损失以"—"号填列）	
资产处置收益（损失以"—"号填列）	
二、营业利润（亏损以"—"号填列）	
加：营业外收入	
减：营业外支出	
三、利润总额（亏损以"—"号填列）	
减：所得税费用	
四、净利润（净亏损以"—"号填列）	

中华人民共和国企业所得税年度纳税申报表（A类）

A100000

行次	类别	项目	金额
1	利润总额计算	一、营业收入（填写A101010\101020\103000）	
2		减：营业成本（填写A102010\102020\103000）	
3		税金及附加	
4		销售费用（填写A104000）	
5		管理费用（填写A104000）	
6		财务费用（填写A104000）	
7		资产减值损失	
8		加：公允价值变动收益	
9		投资收益	
10		二、营业利润（1-2-3-4-5-6-7+8+9）	
11		加：营业外收入（填写A101010\101020\103000）	
12		减：营业外支出（填写A101010\101020\103000）	
13		三、利润总额（10+11-12）	
14	应纳税所得额计算	减：境外所得（填写A108010）	
15		加：纳税调整增加额（填写A105000）	
16		减：纳税调整减少额（填写A105000）	
17		减：免税、减计收入及加计扣除（填写A107010）	
18		加：境外应税所得抵减境内亏损（填写A108000）	
19		纳税调整后所得（13+14+15-16-17+18）	
20		减：所得减免（填写A107020）	
21		减：弥补以前年度亏损（填写A106000）	
22		抵扣应纳税所得额（填写A107030）	
23		应纳税所得额（19-20-21-22）	
24	应纳税额计算	税率（25%）	
25		应纳所得税额（23×24）	
26		减：减免所得税额（填写A107040）	
27		减：抵免所得税额（填写A107050）	
28		应纳税额（25-26-27）	
29	应纳税额计算	加：境外所得应纳所得税额（填写A108000）	
30		减：境外所得抵免所得税额（填写A108000）	
31		实际应纳所得税额（28+29-30）	
32		减：本年累计实际已缴纳的所得税额	
33		本年应补（退）所得税额（31-32）	
34		其中：总机构分摊本年应补（退）所得税额（填写A109000）	
35		财政集中分配本年应补（退）所得税额（填写A109000）	
36		总机构主体生产经营部门分摊本年应补（退）所得税额（填写A109000）	

图4-14　财税管理的会计信息依赖性

　　2007年7月7日，财政部、国家税务总局发布的《关于执行〈企业会计准则〉有关企业所得税政策问题的通知》（现已废止）强调，"企业以公允价值计量的金融资产、金融负债以及投资性房地产等，持有期间公允价值的变动不计入应纳税所得额"。这份通知的立法质量很高，写出了《中华人民共和国企业所得税法》及其实施条例的立法本意。现在我们知道，税法的态度是，不允许在利润表上吹牛然后去交税。也就是说，利润表中记载的"公允价值变动收益"缺乏法律证据，不被税法认可，不构成应纳税所得额。

　　然而，如果企业的利润总额为800万元，所得税为0，净利润为800万元，那么这种奇怪的报表项目很容易造成报表读者的困惑。要知道，企业所得税法所规定的免税、不予征税的情形并不是很常见。针对这种情况，美国注册会计师行业有人提出了"对预期利润计算预期所得税"的观点，就是对这个800万元的预期利润，计算预期所得税，起个名字叫做"所得税费用——递延所得税费用"。借记"所得税费用——递延所得税费用"科目以后，贷记什么科目呢？不能贷记"应交税费"，因为没有实际上的纳税义务。又有人想了办法，贷记"递延所得税负债"，也就是预期所得税负债。这样，如果预期所得税税率为25%，那么利润总额（预期利润）800万元所对应的所得税费用（递延所得税费用）为200万元。

　　美国证监会第二任首席会计师威廉·W.韦恩茨（William W. Werntz）坚决反对这套递延所得税会计规则。他提出："应纳税所得额（taxable income）与会计利润（financial income）之间的时间性差异，应当在报表附注中予以披露，而不应在报表项目中予以反映。"但奈何公众公司和注册会计师行业抱团抗争，最终，这套规则还是被写进了美国证监会管辖的证券市场上的公认会计原则。

　　3.公允价值会计给公司利润分配决策带来的挑战

　　有企业咨询："有股东盯上这600万元的净利润了，他们要求分红怎么办？"我就说："这得看你们公司利润表上有多少公允价值变动收益？"他们说："我们账上按规定，记载了几十亿的公允价值变动收益。"

　　大家可以算一算他们在管理实践中遇到的这类问题多有价值，企业管理人员加强理论学习有多重要。

最后这个问题是通过跨学科的研讨解决的。我就问他们："你看刚才那800万的利润总额有没有交过企业所得税"？他们说："没有交"。我答复说："没有交税，那就不存在'税'后利润。所以，那800万不能进入利润分配程序"。

大家想一想，解决这些该不该缴税、该不该分配等棘手问题，是靠国际财务报告准则（IFRS），还是靠我国法律的基本原则？

对，这些问题都是运用我国法律的基本原则来解决的。国际财务报告准则恰恰是这些问题的制造者，而不是解决方案的提供者。

《中华人民共和国公司法》第一百一十条所规定的利润分配规则是针对"税后利润"而言的。然而，《中华人民共和国公司法》第十章"公司财务、会计"没有规定"税后利润"的含义和计量规则。这个问题亟待通过跨学科的研究和立法论证来弥补。

当前，企业管理实践可以借鉴中国证监会发布的一份规范性文件来处理。中国证监会2007年12月18日发布的《关于证券公司2007年年度报告工作的通知》（证监机构字〔2007〕320号）要求，"证券公司应当规范利润分配行为，合理分配利润，保持公司发展后劲"，"充分考虑证券行业特点和公司未来发展需要，审慎确定利润分配方案"。通知明确规定，"证券公司可供分配利润中公允价值变动收益部分，不得用于向股东进行现金分配"。这份规范性文件的质量也很高。它在法定职权范围内有效地保护了行政相对人的合法权益。

大家刚才看到，公允价值会计对企业经营管理和国民经济管理具有一定的不良影响。实务界同仁们常常发出疑问：公允价值会计是何人、何时、为何推行的呢？

4.交易性金融资产会计规则的出台过程

迄今林林总总的会计理论均围绕以下根本问题展开：会计报表究竟应否反映资产与负债的现行价值？如何反映现行价值（current value）？公允价值是现行价值的另外一种说法。

公允价值会计，又称盯市会计（mark-to-market accounting）、现行价值会计（current value accounting）、现行成本会计（current cost accounting)、市场价值会计（market value accounting），主张以公允价值记载资产和负债。

　　前美国证监会主席理查德·C.布里登是公允价值会计的主推手。布里登 1972 年获斯坦福大学学士学位，1975 年获哈佛大学法律博士（J.D.）学位。1976—1981 年，供职于纽约一家律师事务所（Cravath，Swaine & Moore，LLP）。之后，曾在政府部门任职，担任当时的美国副总统布什的国内事务助理。1985—1988 年，任贝克博茨（Baker Botts）律师事务所合伙人。布什当选总统之后，任命布里登为美国证监会主席（1989—1993 年）。布里登出任美国证监会主席的时候，正赶上数以千计的储蓄贷款协会（savings and loan associations，S&Ls）破产或被收购，这些金融机构此前投资的垃圾债券一直处于浮动亏损状态，但在败局败露之前，它们的那些证券投资一直以成本挂在账上。1990 年 9 月，布里登在参议院做证时，提出了采用市场价格报告证券投资、一律按照公允价值计量债券投资的政策建议。

　　布里登提出，为了监控公众公司证券投资的浮动盈亏，应当要求它们按照市价计量其证券投资，并将浮动盈亏记录在利润表里。这就是后来 IFRS9 所称的"以公允价值计量且其变动计入当期损益的金融资产"，即交易性金融资产。

　　现在大家已经知道，"交易性金融资产"这套规则，是美国证监会主席、商事和金融律师布里登在 1990 年推动的，他是出于证券监管的目的提出这一方案的。

第五节　如何纠正"根据金融预期记账的会计"？

　　针对资产减值会计、权益法、公允价值会计等失当的会计规则，笔者提出"历史成本会计+公允价值披露"，即平行列报股权投资的实际代价和估值信息，来调和不同的信息诉求。①权益法缺乏理论依据，在

---

① 周华，戴德明，刘俊海，等. 国际会计准则的困境与财务报表的改进——马克思虚拟资本理论的视角［J］. 中国社会科学，2017（3）.

本质上是一套金融分析规则而非会计规则，它在全球资本市场中的传播是一个以讹传讹的过程。公允价值本身并不是会计的范畴。总之，交易性金融资产、长期股权投资的权益法都不符合"根据法律事实记账""记账必须具备原始凭证"的要求，与《中华人民共和国会计法》第九条不符。股权投资的会计规则应当坚持根据法律事实记账，即成本法是唯一合理的会计规则。市值或估值信息均缺乏法律证据，因此只能用于补充披露。

图中的阴影部分不是会计报表，而是金融分析表。如此，严格区分法律事实和金融预期可以增强会计信息的法律证明力，保证会计信息的公益性和公信力。资产市价上升情形下的补充披露如图 4-15 所示。

资产负债表
（阴影部分为预期盈亏和高风险项目）　　　金额单位：万元

资产	金额	市值或估值	变动	负债及股东权益	金额	市值或估值	变动
流动资产：				流动负债：			
货币资金			%	……			%
存货			%	非流动负债：			%
短期债权			%	……			%
				负债合计			
非流动资产：				股东权益：			
固定资产				股本		—	—
无形资产				资本公积		—	—
长期债权			%	盈余公积		—	—
实体性股权投资	100	900	800%	未分配利润		—	—
				实体净资产合计		—	—
实体资产总计			%	负债与实体净资产总计		—	—
金融性股权投资			%	未分配利润（风险准备）			%
资产总计			%	负债与净资产总计			%

注：阴影虚线部分所列数据为依照国际会计准则计算的市值或估计值，仅供参考，无法律证据支持。

图 4-15　资产市价上升情形下的补充披露

总之，要想改进国际会计准则关于股权投资的会计规则，可以考虑取消权益法这个拙劣的金融分析规则，取消"根据想法记账"的交易性金融资产、其他权益工具投资，以及由此派生出来的股权投资核算方法的转换等一系列规则。依法依规加强会计管理，是完善国际会计准则的可行之道。这样，不管股价如何变动，你都只需按照法律事实记账。比方说，你的股权投资成本如果是 100 万元，那你就按照 100 万元列报。

如果按市价算，股票的市值变成900万元了，那你也不要调整会计报表上的数字。你只能在阴影虚线部分填列900万元的市值，市值相对于你的成本价上涨了800%。

如果市价下一年变成了30万元，那你也不应当调整会计报表上的数据，股权投资仍然是100万元的。市值信息仍然只能在阴影虚线部分列报，是30万元，比当初的成本价下跌了70%。资产市价下降情形下的补充披露如图4-16所示。

这样，市价的起起落落都不会计入会计报表，利润表当然也就不会随着市价上蹿下跳。这样的会计管理，就达到了"不管风吹浪打，胜似闲庭信步"的境界。这种报表会为那些老实本分的企业家提供更好的保护，因为公司的账目都是查有实据的。这不正是法律应该有的价值追求吗？

资产负债表
（阴影部分为预期盈亏和高风险项目）　　　　单位：万元

资产	金额	市值或估值	变动	负债及股东权益	金额	市值或估值	变动
流动资产：				流动负债：			
货币资金			%	……			%
存货			%	非流动负债：			%
短期债权			%	……			%
……				负债合计			
非流动资产：				股东权益：			
固定资产			%	股本		—	—
无形资产			%	资本公积		—	—
长期债权			%	盈余公积		—	—
实体性股权投资	100	30	-70%	未分配利润			
				实体净资产合计			
实体资产总计			%	负债与实体净资产总计			
金融性股权投资			%	未分配利润（风险准备）			%
资产总计			%	负债与净资产总计			%

注：阴影虚线部分所列数据为依照国际会计准则计算的市值或估计值，仅供参考，无法律证据支持。

图4-16　资产市价下降情形下的补充披露

本章小结

资产减值会计规则是在谨慎性（prudence）原则或者说稳健性原则（conservatism）下推行的。企业设置"资产减值损失"科目核算其计提各项资产减值准备所记录的损失，设置"存货跌价准备""固定资产减值准备"科目核算企业计提的资产减值准备。

合并报表并不是会计报表，它在法律上的证明力常常无限接近于零。

公允价值会计试图把会计报表改造成金融分析表，反映的是投机资本对会计信息的诉求。

本章练习题

一、计算分析题

假设某公司于2023年初购买了价值100万元的股票作为交易性金融资产。截至2023年末，该股票的公允价值上涨至120万元。请计算并分析这一公允价值变动如何影响公司当年的利润表，以及如何进行相应的会计处理。同时，讨论如果次年股票价格下跌至90万元，这一变动又将如何影响公司次年的利润表和会计处理。

二、思考论述题

1. 资产减值会计要求企业定期评估资产价值，当资产的可回收金额低于其账面价值时，需要计提减值准备。请分析这一规则提出的理论依据是什么。现实中，资产减值会计常受到哪些批评？它如何影响企业的财务报告和投资者的决策？

2. 合并报表旨在反映母公司及其子公司作为一个整体的财务状况和经营成果。请讨论合并报表的理论基础是什么。在实际操作中，合并报表面临哪些挑战？特别是对于跨国公司，合并报表的编制可能涉及哪些复杂性？

3. 权益法通常应用于长期股权投资，当投资方对被投资方具有重大影响时使用。请分析权益法与成本法在会计处理上的主要区别，以及这两种方法对投资方财务报表的影响。在何种情况下，权益法比成本法更能准确反映投资的实际经济状况？

立德育人

金融预期与会计伦理的冲突

在某大型科技公司任职的财务分析师小林，正在为公司的年度财务报告做最后的准备工作。公司近期投资了一系列初创科技企业，这些投资目前在市场上的估值远高于其初始投资成本。根据现行的会计准则，这些投资应按照公允价值进行重估，并将增值部分计入当期损益。

小林在整理这些投资的公允价值时，发现尽管市场估值很高，但这些初创企业大部分尚未实现盈利，且其未来现金流存在很大的不确定性。小林担心，将这些基于市场预期的增值计入财务报告，可能会夸大公司的当期利润，向投资者传递错误的信息。

小林面临着两难的境地：一方面，按照现行会计准则进行会计处理是他的职责所在；另一方面，他担心这种基于金融预期的会计处理方式可能违背会计的诚信原则，损害投资者对公司的信任。经过深思熟虑，小林决定向公司财务总监提出自己的担忧，并建议在财务报告中补充披露，明确指出基于市场预期的增值，并强调这些投资的潜在风险。

请思考：小林的案例揭示了会计准则中"根据金融预期记账"与会计伦理之间的潜在冲突。请思考，会计人员在遵循会计准则的同时，如何确保会计信息的真实性和可靠性？在面对基于市场预期的会计处理时，会计人员应如何平衡财务报告的合规性与透明度？

第五章

财务报表分析

学习目标

1.掌握：常用的财务比率的计算方法。

2.理解：财务比率分析方法的局限性。

3.了解：上市公司估值指标。

现在，我们来简要了解财务报表分析的基本方法。

第一节　财务报表分析的目的与方法

财务报表数据集中反映了企业的财务状况和经营成果，据此进行分析可以了解企业过往表现和现状。从企业经营管理的角度来看，财务报表可以帮助企业管理层分析自身的管理质量，还可以帮助相关的利害关系人分析企业的经营管理水平。从国民经济管理的角度来看，财税、统计、计划、工商、物价等经济监管部门需要通过分析企业的财务报表而了解特定企业乃至该企业所属行业及产业的发展状况，从而制定有效的宏观经济调控政策。

就短期利益而言，债权人往往更重视债务人的偿债能力，公司股东优先关注企业的盈利能力。就长期利益而言，所有的报表使用者都需要关注企业的管理水平、市场占有率、产品质量或服务水平、品牌信誉等企业发展的决定性因素。而财务报表分析恰好能提供可用于评价管理水平的综合分析指标体系。

关于财务报表分析的方法，法律和行政法规并无相关规定。实践中，仁者见仁，智者见智，说法和做法五花八门。这里不妨将其大致分为两大类（如图5-1所示）。

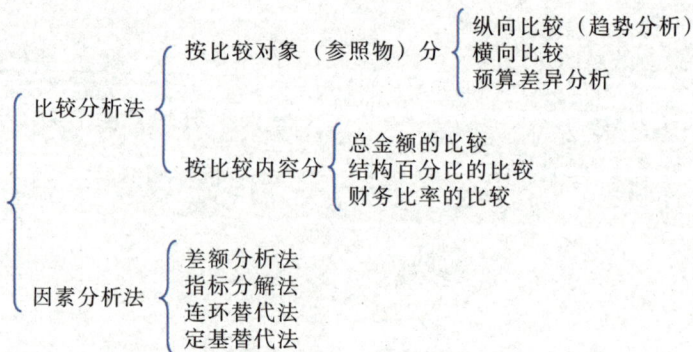

比较分析法
按比较对象（参照物）分
- 纵向比较（趋势分析）
- 横向比较
- 预算差异分析

按比较内容分
- 总金额的比较
- 结构百分比的比较
- 财务比率的比较

因素分析法
- 差额分析法
- 指标分解法
- 连环替代法
- 定基替代法

图5-1　财务报表分析的常用方法

一、比较分析法

比较分析法试图通过数据之间的对比揭示其间的差异、规律。

比较分析法按比较对象（参照物）的不同，可大致分为：（1）纵向比较（趋势分析）。（2）横向比较。（3）预算差异分析。比较分析法按比较内容的不同，可大致分为：（1）总金额的比较。（2）结构百分比的比较。（3）财务比率的比较。

二、因素分析法

因素分析法，是依据财务指标与其决定因素之间的因果关系，确定各个因素的变化对该指标的影响程度的一种分析方法。具体又分为以下几种：（1）差额分析法。（2）指标分解法。（3）连环替代法。（4）定基替代法。计算财务比率是财务报表分析的基本技术。

以下以工商企业为例，着重介绍偿债能力分析、管理效率分析和盈利能力分析的常用指标的计算方法。

第二节　财务比率分析方法及其局限性

财务比率本身可能并不能说明太多问题，可是一旦用它来跟企业的过去进行纵向对比，或者跟同行进行横向对比，甚至是跟基准指标进行对比，就可以帮助人们寻找差距，及时调整管理策略。所以说，财务比率的意义主要在于比较。

有一种古老的智慧，说"反常即为妖"。如果一家企业的财务比率一骑绝尘、鹤立鸡群，那么原因通常有两个：要么是天赋异禀，要么是良心坏透了。因此，对待财务比率，要有个辩证和客观的态度。常用财务分析比率如图5-2所示。

```
                    ┌─────────────┐
                    │   流动比率    │
                    ├─────────────┤
                    │   速动比率    │  短期偿债能力分析
                    ├─────────────┤
                    │   现金比率    │
        偿债能力分析  ├─────────────┤
                    │  资产负债率   │
                    ├─────────────┤
                    │   权益乘数    │  长期偿债能力分析
                    ├─────────────┤
                    │  利息保障倍数  │
                    ├─────────────┤
                    │  总资产周转率  │
        管理效率分析  ├─────────────┤
                    │  存货周转率   │
                    ├─────────────┤
                    │ 应收账款周转率 │
                    ├─────────────┤
                    │  资产报酬率   │
        盈利能力分析  ├─────────────┤
                    │  净资产报酬率  │
                    ├─────────────┤
                    │  销售净利率   │
                    └─────────────┘
```

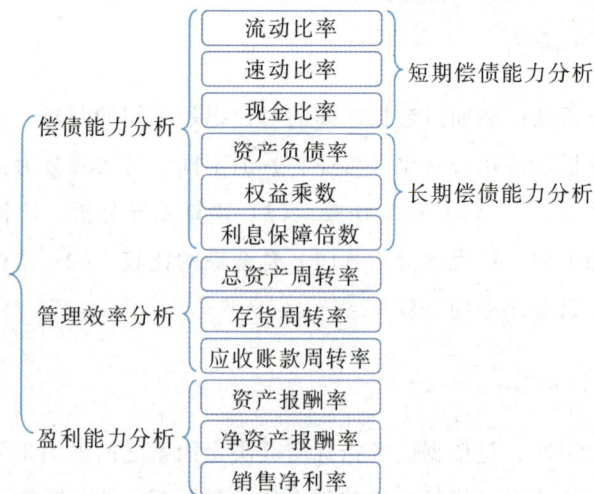

图 5-2　常用财务分析比率

一、偿债能力分析

偿债能力分析（solvency analysis）旨在揭示企业偿付短期债务乃至全部债务的能力。

企业法人不能清偿到期债务，并且资产不足以清偿全部债务或者明显缺乏清偿能力的，须依照《企业破产法》的规定清理债务。显然，企业管理层需要确保有能力偿付到期债务，否则有陷入破产清算境地之虞。

1.短期偿债能力分析

常用的短期偿债能力比率有三个，即流动比率、速动比率和现金比率。

（1）流动比率

流动比率（current ratio）是流动资产与流动负债的比率。其计算公式为：

$$流动比率 = \frac{流动资产}{流动负债}$$

流动比率究竟多高合适，并无放之四海而皆准的数值标准，实践中需要结合企业的行业特性、信用等级等因素进行具体分析。

一般地，这个比率越高，说明企业偿还流动负债的能力越强，流动负债得到偿还的保障越大。但是，过高的流动比率可能意味着企业的流动资产比重偏高，未能有效地利用资金，而此类情形可能会影响企业的获利能力。

通常认为，对于制造业的公司而言，流动比率以不低于 2 为宜，因为通常假定"存货"这一流动性欠佳的项目占这类企业的流动资产的一半。但这仅为经验之谈。有些企业的产品特别畅销，以至于账上常常有大量的预收账款，而其存货成本并不高。这些企业的流动比率就会显得很低，但这些企业显然拥有很强的偿债能力。

流动比率只是对偿债能力的粗略估计，并非全部的流动资产都能用来偿债。企业需要保持必要的流动资产用于持续经营。

（2）速动比率

速动比率（quick ratio）是指速动资产与流动负债的比率。有的教科书把这一指标称作"酸性测试"（acid-test ratio）。

$$速动比率 = \frac{速动资产}{流动负债} = \frac{流动资产 - 存货}{流动负债}$$

由于速动资产中已经剔除了"存货"这个通常被认为流动性欠佳的项目，因此速动比率试图进一步刻画企业偿付短期债务的能力。一般地，速动比率越高，说明企业的短期偿债能力越强。

通常认为，对于制造类企业而言，速动比率以不低于 1 为佳，因为通常假定"存货"这一被认为流动性欠佳的项目占制造业企业的流动资产的一半。当然，这也没有什么理论依据。

在使用速动比率分析企业的偿债能力时，要注意分析应收账款的可回收性对该指标的影响。

（3）现金比率

有的企业干脆用现金比率来测度短期偿债能力。现金比率是现金类资产与流动负债的比率。此处的"现金"为金融分析意义上的用语，与惯常的理解不同，在实践中其计算口径因人而异，缺乏共识。其计算公式为：

$$现金比率 = \frac{现金 + 现金等价物}{流动负债}$$

2.长期偿债能力分析

现在，来看长期偿债能力分析的常用财务比率。所谓"长期偿债能力"，是指企业偿还全部负债的能力，或许称作"总体偿债能力"更为妥当。常用的长期偿债能力比率（solvency ratios）是资产负债率、权益乘数、利息保障倍数。

（1）资产负债率

资产负债率（debt ratio）是负债合计与资产总计的比率，它反映企业的资产总计中负债成分所占的百分比。其计算公式为：

$$资产负债率 = \frac{负债合计}{资产总计} \times 100\%$$

一般地，资产负债率越低，偿债越有保证，融资的空间越大。

（2）权益乘数

资产负债率有一个常用的变体：权益乘数（equity multiplier）。其公式如下：

$$权益乘数 = \frac{资产总额}{股东权益}$$

资产负债率越大，权益乘数也就越大。

资产负债率还有一个常用的变体：负债-权益比率（Debt-to-Equity Ratio）。其公式如下：

$$负债 - 权益比率 = \frac{负债合计}{股东权益合计}$$

二者都反映了企业积极举借债务、以小搏大的程度，因此教科书中常常统称此类指标为"财务杠杆比率"。

【例5-1】某公司资产总计为10亿元，负债合计为9亿元，股东权益合计为1亿元。则：

$$资产负债率 = \frac{9}{10} \times 100\% = 90\%$$

$$负债 - 权益比率 = \frac{9}{1} = 9$$

$$权益乘数 = \frac{10}{1} = 10$$

随着负债的增长，以上3个比率会同步增大。实践中，还有股东权益比率的提法，即股东权益合计占资产总计的百分比。【例5-1】中，股东权益比率为10%。

（3）利息保障倍数

利息保障倍数这个财务比率的设计思路是这样的：债权人在想，那个向我借钱的企业赚的钱够不够付我的利息呢？它赚的钱首先得够付我的利息，然后再去交企业所得税，这样才会有税后利润分配给股东。所以嘛，我想知道它赚的钱，在付我的利息之前，究竟是应付利息总额的多少倍。

现在，我们把债务人在支付利息之前，当然也就是在缴纳企业所得税之前赚的钱，称作息税前利润（earnings before interest and tax，EBIT）。

EBIT=净利润+企业所得税+利润表上的利息费用

息税前利润相对于利息费用的倍数，就是利息保障倍数。计算公式如下：

$$利息保障倍数 = \frac{息税前利润}{利息费用}$$

$$= \frac{净利润 + 企业所得税 + 利润表上的利息费用}{利息费用}$$

一般地，利息保障倍数越大，公司拥有的偿还利息的缓冲资金越多，利息支付越有保障。通常认为，利息保障倍数最低应为1.5倍。在分析企业的偿债能力时，应注意表外因素（如长期经营租赁合同、或有事项等）的影响。

【例5-2】科达电子有限公司根据法律事实记账，净利润为6 000万元，企业所得税为2 000万元，利润表上的财务费用为1 000万元。该公司计入资产入账价值（资本化）的利息金额为2 000万元。

息税前利润=6 000+2 000+1 000=9 000（万元）

$$利息保障倍数 = \frac{9\,000}{1\,000 + 2\,000} = 3$$

利息保障倍数这个指标表明该公司的经营所得足以支付全部利息费用。现在结合"蓝田股份案"，阐释财务比率这些小工具的大用途。这种穿越时空的案例实在太经典了。

【例5-3】1996年6月18日，原农业部首家推荐上市的公司"蓝田股份"在上海证券交易所上市。之后5年，该公司股本扩张3.6倍，主营业务收入增长4倍多，创造了股市神话。然而，2001年10月中央财经大学研究员刘姝威发表在金融时报社编辑的《金融内参》上的600字短文《应立即停止对蓝田股份发放贷款》宣告了神话的终结。

各大银行纷纷停止向蓝田股份发放贷款，蓝田股份资金链断裂。几年后，蓝田股份因连续亏损退市。蓝田股份当年的财务指标如下（见表5-1）：

表5-1　　　　　　　　　　蓝田股份1998—2000年财务指标

财务比率	1998年	1999年	2000年
流动比率	1.92	1.07	0.77
速动比率	1.11	0.54	0.35
应收账款周转率	7.4	12.74	44.92
资产负债率	0.23	0.25	0.23
净资产报酬率	0.26	0.26	0.17

可以看出，该公司虽然资产负债率仍属正常水平，但流动比率和速动比率呈急速下降趋势。财务比率的作用是不是超出了你的想象？

第三节　管理效率分析

管理效率分析的常用财务比率是总资产周转率、存货周转率和应收账款周转率。

一、总资产周转率

总资产周转率（total asset turnover）是营业收入与平均资产总额的比率。

$$总资产周转率 = \frac{营业收入}{平均资产总额}$$

其中：平均资产总额=（期初资产总额+期末资产总额）÷2。

由于对于同样的营业规模而言，占用的资产越少，则管理效率越高，因此通常来说，总资产周转率越高，说明企业利用其资产进行经营的效率越高。

【例5-4】甲、乙公司20×8年的业务收入都是36 000 000元。甲公司的资产平均总额为6 000 000元，乙公司的资产平均总额为9 000 000元。你认为哪一家公司管理效率更高，更能干？

甲公司的总资产周转率=36 000 000÷6 000 000=6

这意味着甲公司每年的业务流水相当于挣回来6次资产平均总额。

乙公司的总资产周转率=36 000 000÷9 000 000=4

这意味着乙公司每年的业务流水相当于挣回来4次资产平均总额。

就总资产周转率这个指标而言，甲公司的管理效率比乙公司高。

二、存货周转率

存货周转率（inventory turnover）是企业一定时期的营业成本与平均存货的比率。

$$存货周转率 = \frac{营业成本}{平均存货}$$

其中，平均存货=（期初存货余额+期末存货余额）÷2。

当然，财务分析只是一种经验之谈，并不是说非得用平均存货，你要是用期末存货来算也是可以的。只要在比较的时候，保持计算口径一致就可以了。

通常来说，存货周转率越高，说明存货周转得越快，营运资金占用在存货上的金额也会越少。但是，存货周转率过高，也可能说明企业管理方面存在一些问题，如存货数量过少，甚至经常缺货，或者采购过于频繁、批量太小等。

存货周转率过低，常常意味着企业在产品销售方面存在一定的问题，但也有可能是企业增大库存的结果。

具体分析时，需结合产品竞争态势等实际情况做出判断。

【例5-5】甲、乙公司20×8年的营业成本均为24 000 000元。甲公司的平均存货为 3 000 000 元，乙公司的平均存货为 4 000 000 元，试评价二者的管理效率。

$$甲公司的存货周转率 = \frac{24\ 000\ 000}{3\ 000\ 000} = 8$$

这意味着甲公司每年的卖的货，相当于把仓库腾空了 8 次。

$$乙公司的存货周转率 = \frac{24\ 000\ 000}{4\ 000\ 000} = 6$$

这意味着乙公司每年卖的货，相当于把仓库腾空了 6 次。

就存货周转率指标而言，甲公司的管理效率高于乙公司。

既然存货周转率就是每年腾空了多少次仓库，那么根据存货周转率可以推算出存货周转天数。为方便计算、比较，每年按 360 天算。

存货周转天数=360÷存货周转率

存货周转天数表示的是企业平均用多少天把仓库清空一次。

甲公司的存货周转天数=360÷8=45（天）

乙公司的存货周转天数=360÷6=60（天）

就存货周转天数这个指标而言，甲公司的管理效率比乙公司高。

三、应收账款周转率

应收账款周转率（receivable turnover ratio），又称"应收账款周转次数"，是企业一定时期的营业收入净额与应收账款平均余额的比率。

$$应收账款周转率 = \frac{营业收入净额}{应收账款平均余额}$$

其中：应收账款平均余额 =（期初应收账款余额+期末应收账款余额）÷2。应收账款周转率比率越高，说明企业催收账款的速度越快。应收账款周转率如果偏低，则说明企业催收账款的效率太低，或者信用政策过于宽松。但这里也有一个"度"的问题，过于苛刻的信用政策也是不提倡的。

【例 5-6】甲、乙公司 20×8 年的营业收入净额均为 36 000 000 元。前者的应收账款平均余额为 2 000 000 元，后者的应收账款平均余额为 3 000 000 元。哪一家公司管理效率更高，更能干呢？

$$甲公司的应收账款周转率 = \frac{36\ 000\ 000}{2\ 000\ 000} = 18$$

这意味着甲公司每年的营业收入净额，相当于每年平均收账 18 次。

$$乙公司的应收账款周转率 = \frac{36\,000\,000}{3\,000\,000} = 12$$

这意味着乙公司每年的营业收入净额，相当于每年平均收账 12 次。

就应收账款周转率这个指标而言，甲公司的管理效率高于乙公司。

根据应收账款周转率可以推算出应收账款周转天数。应收账款周转天数，也称为应收账款的收现期，表明催收应收账款平均需要的天数。其计算公式为：

应收账款周转天数=360÷应收账款周转率

甲公司的应收账款周转天数=360÷18=20（天）

乙公司的应收账款周转天数=360÷12=30（天）

就应收账款周转天数这个指标而言，甲公司的管理效率比乙公司高。

实践中还会用到固定资产周转率、流动资产周转率等指标，这些指标与前面探讨的总资产周转率、存货周转率、应收账款周转率的分析思路相同，这里不再展开讨论。

第四节　盈利能力分析

现在，来看盈利能力分析。在评价获利能力时，常用的指标是销售净利率、资产报酬率、净资产报酬率。对于股份公司而言，还可以计算其每股收益。

一、销售净利率

销售净利率（net profit margin）是企业在一定时期内的净利润与营业收入的比率。它能够反映产品和服务的盈利水平。

$$销售净利率 = \frac{净利润}{营业收入} \times 100\%$$

二、资产报酬率

资产报酬率（return on assets，ROA）是净利润与资产总计的比率。

它能够衡量企业管理层使用资产盈利的效率。ROA越高越好。但这个指标不适用于跨行业的比较，因为ROA的计算是把负债考虑在内的，而不同行业的资本结构往往存在较大差异。

$$资产报酬率 = \frac{净利润}{资产总计} \times 100\%$$

三、净资产报酬率

净资产报酬率，又称股东权益报酬率（return on equity，ROE），是净利润与股东权益的比率。

$$净资产报酬率 = \frac{净利润}{股东权益} \times 100\%$$

净资产报酬率是资产报酬率与权益乘数（杠杆倍数）的乘积。也就是说，资产报酬率经过杠杆倍数放大之后，就得到股东所关注的净资产报酬率。

$$净资产报酬率 = 资产报酬率 \times 权益乘数$$

$$= \frac{净利润}{资产总计} \times \frac{资产总计}{股东权益} \times 100\%$$

【例5-7】一家公司资产总计为6亿元，负债合计为2亿元，股东权益合计为4亿元，该公司当年净利润为1.2亿元，则可计算：

权益乘数（杠杆倍数）=6÷4=1.5（倍）

资产报酬率=1.2÷6×100%=20%

净资产报酬率=1.2÷4×100%=30% =20%×1.5

净资产报酬率30%，恰好等于资产报酬率20%乘以杠杆倍数1.5。可见，"科学理财"对股东来说是很有意义的。

第五节　综合分析

现在，我们来探讨财务比率的综合分析。前面我们所探讨的财务比率各有侧重，而管理层常常需要对公司进行总体上的财务分析。那么，有没有可能构建出一个相互联系的指标分析体系呢？对此，实务界专家给出了肯定的回答，这就是美国杜邦公司的财务经理们提出的一套分析工具——"杜邦分析系统"（DuPont analysis model）。

前面我们已经注意到，净资产报酬率可以拆分为资产报酬率与权益乘数的乘积。我们再把资产报酬率拆分为总资产周转率与销售净利率的乘积，即：资产报酬率=总资产报酬率×销售净利率。这样，我们就可以把净资产报酬率表示为三个指标的连乘积。

$$净资产报酬率 = 资产报酬率 \times 权益乘数$$

$$= \frac{净利润}{资产总计} \times \frac{资产总计}{股东权益}$$

$$= \frac{净利润}{营业收入} \times \frac{营业收入}{资产总计} \times \frac{资产总计}{股东权益}$$

$$= 销售净利率 \times 总资产周转率 \times 权益乘数$$

因此，股东有三个抓手可用于提高ROE：一是选好经营项目，即提高销售净利率；二是选好管理团队，即提高总资产周转率；三是选好筹资策略，即提高权益乘数（杠杆倍数）。不妨概括为高利润、高效率、高杠杆。高利润意味着品牌溢价较高，它往往是知识产权战略的结晶。

显然，杜邦分析以ROE为着眼点，侧重于为股东的私人利益服务，可以说是"股东财富最大化"这种流行理念的产物。对此，理论界和实务界存在不同看法。

【例5-8】这是一个"管理决定成败"的典型案例，首先看财务绩效指标表（见表5-2）：

表5-2　　　　　　　　　　　　　财务绩效指标表

项目	A公司	B公司	C公司
销售净利率	8%	5%	6%
总资产周转率	1.8	2.4	1.2
资产报酬率（ROA）	14.40%	12%	7.20%
权益乘数	1.9	2.5	1.5
净资产报酬率（ROE）	27.36%	30%	10.80%

　　从销售净利率来看，A公司的产品盈利能力最强，C公司的产品本来颇具竞争力，比B公司还强一点。

　　但从总资产周转率来看，B公司的管理效率明显胜出，拔得头筹。

　　销售净利率乘以总资产周转率，就得到了资产报酬率（ROA）。C公司大幅落后于B公司。3家公司中，ROA最高的是A公司。

　　可是，一旦把偿债能力也就是举债能力考虑进来，B公司举债能力最强，ROE也最高（为30%）。原本ROA最高的A公司则由于举债能力欠佳，其ROE排第二。C公司筹资能力最弱，ROE为10.8%。

　　A公司：产品盈利能力最强，虽然管理效率屈居第二，但ROA仍然排第一。可惜举债能力也屈居第二，导致ROE最终排在第二。

　　B公司：产品盈利能力最差，但管理效率第一，ROA因此居中。再加上举债能力最强，最终ROE实现逆袭。其胜在管理水平上。

　　C公司：产品盈利能力居中，但管理效率、举债能力都是垫底的水平，最终ROE排在末位。其败在管理水平上。

第六节　上市公司估值指标

　　现在，我们简要介绍几个常见的上市公司估值指标。

　　有很多人发出了这样的疑问：会计报表里面的数据，原本应当是供企业经营管理和国民经济管理使用的具有证明力的财产权利和业绩信息，那为什么市面上有那么多用会计报表来进行证券估值的指标呢？那大抵是因为这个世界上没有哪一门科学能够精确地刻画股价的形成机制，可总有人想对这个"不可说"的问题说点什么！

　　常用的估值指标有拿利润表来估值的市盈率、市销率，拿资产负债表来估值的市净率，以及拿现金流量表来估值的市现率，如图5-3所示。

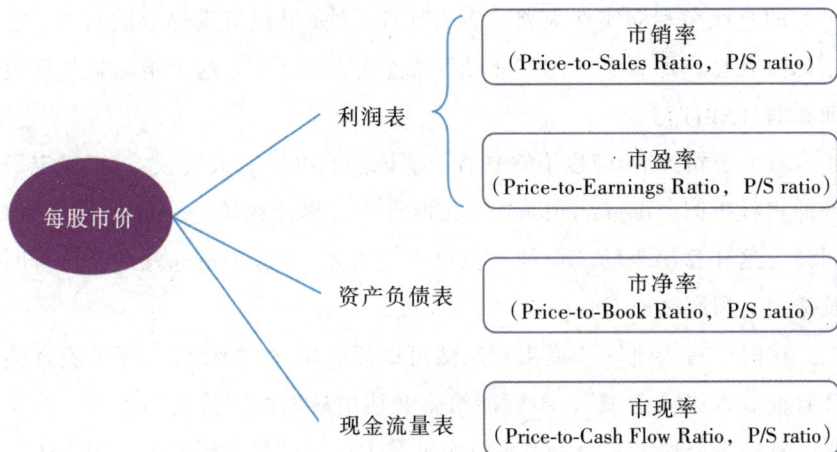

图5-3　使用会计报表进行证券分析的常用指标

这些指标的共同点是拿每股市价与会计报表中的某个数据来计算比率，都是用类比的思路来估值，缺乏科学的理论基础。

一、使用利润表数据进行估值

我们前面探讨过用每股收益乘以市盈率来估值的做法。市销率其实是市盈率思路的延伸，从市盈率到市销率的思路演化如图5-4所示，中间的演化过程我们简单拆解一下。

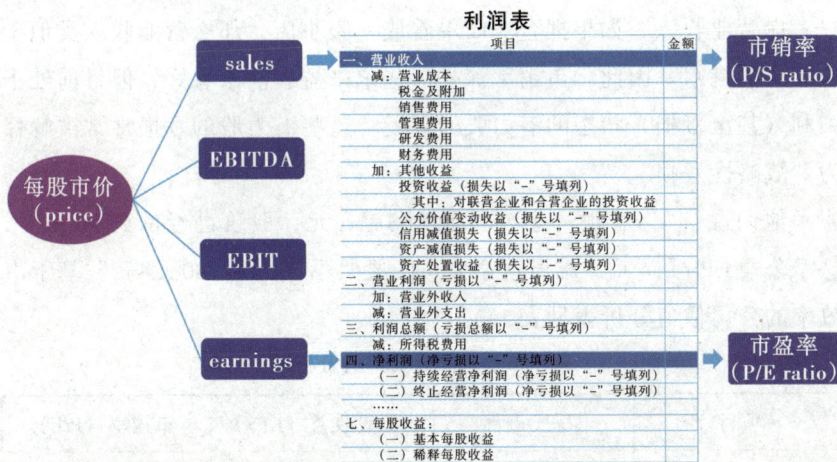

图5-4　从市盈率到市销率的思路演化

每股收益（EPS）就是每股净利润。EPS本身就具有一定的欺骗性，

可有的企业净利润实在太差。有人提议："如果把所得税给加回去，也不计算利息，那么企业的"业绩"总会好看一点。"这个指标就是息税前利润（EBIT）。

有的公司连 EBIT 也不够好看，那该怎么办？有人提议："把固定资产的累计折旧（depreciation）和无形资产的累计摊销（amortization）加回去，这样算出来的"业绩"应该不会太差。"这个指标就是税息折旧及摊销前利润（EBITDA）。

这时候有人进一步提出：既然可以任意定义"业绩"，那干脆直接拿营业收入当"业绩"，不就能给企业估出最大的"价值"了么？营业收入已经是公司在利润表上可以用来夸大业绩的最大限度了，如果还想继续夸大，那就超出了正常财务报表的范围，变得不切实际甚至荒谬了。营业收入是反映公司业务活跃程度的一个重要指标，而利润表上的数字应当真实可靠。如果一家公司试图通过不正当手段夸大营业收入，那么这种做法显然是不可取的。正确的做法应该是通过提升产品和服务的质量，增加真实的销售收入，而不是在报表上或者指标上做文章。

用营业收入进行估值的指标就是每股股价与每股销售额的比率，简称"市销率"（price-to-sales ratio，P/S ratio）。市销率是每股市价与每股销售收入（每股营业收入）的比率。这个指标不考虑公司是否盈利，只考虑营业收入，如果把企业简单看成一家小店，那么营业收入类似于这家店的流水。因此，市销率深受那些未来盈利前景看好，但目前处于微利（甚至亏损）状态的潜力股的喜爱。这些潜力股的亏损常常被解释为"战略性亏损"。

他们说："你看那一家公司的 EPS 是 1 元，股价已经涨到 30 元了，这家公司 EPS 是 6 元，难道这家公司的股票不该卖到 180 元吗？"基于市盈率的公司估值分析表见表 5-3。

表 5-3   基于市盈率的公司估值分析表

项目	每股市价	每股收益（EPS）	市盈率（P/E）
参照公司	30	1	30
目标公司	？	6	30

如果股票购买者嫌估值太低，他们又会说："你看那一家公司每股销售额1元，股价已经卖到30元了，这家公司每股销售额9元，这家公司的股票不该卖到270元吗？"基于市销率的公司估值分析表见表5-4。

表5-4　　　　　　　　　基于市销率的公司估值分析表

项目	每股市价	每股销售额	市销率
参照公司	30	1	30
目标公司	？	9	30

从净利润到EBIT，再到EBITDA，最后到营业收入，利润表数据被构造了一套又一套估值算法，为散户提供了一批又一批估值指标。

这里，我们顺便说一下市盈率这个指标具有一定的误导性。正如300年前牛顿和150年前马克思所指出的，股票的价格取决于预期，而影响预期的因素有无穷多个，净利润只是众多因素中的一个。

基于净利润和股价的市盈率究竟代表了什么？这个问题的回答有很多种，我们来简要评述一下。

一种回答是，市盈率的倒数代表了投资回报率。这种说法有一定道理。它的隐含假设是：（1）净利润等于税后利润；（2）税后利润全部用于分红。依照这种观点，如果常见的投资回报率是5%~20%，那么常见的市盈率就是5~20倍。但它的隐含假设往往并不成立，所以作者认为上述推论也是不成立的。

另一种回答是，市盈率代表了平均多少年能收回本钱。这个观点同样需要满足前面提到的两个隐含假设：（1）净利润等于税后利润；（2）税后利润全部用于分红。

还有一种回答是，市盈率越高，说明投资者越有信心。投资者需要提醒自己，股票价格通常只是少数投资者之间的交易形成的价格。在你看到某个交易价格的时候，大多数股东都是按兵不动的。如果一家公司的产品和服务的竞争力等基本面信息不变，你就没有必要过度担忧该公司的短期业绩波动。

二、使用资产负债表中的数据进行估值

常用的比率是市净率（P/B ratio），又称市账率、市账比。

一般来说，市净率越低，投资风险越小。市净率小于1，可能说明股价被低估了。市净率更受重资产行业欢迎。前面我们探讨了使用资产负债表和利润表中的数据来估值的做法。有人会问，现金流量表可否套用上面的做法去进行估值呢？这个问题提得很好。

实际上，现金流量表提供了一个重要的视角，因为它直接反映了企业的现金流入和流出情况。通过分析经营活动产生的现金流、投资活动产生的现金流以及筹资活动产生的现金流，可以更好地评估公司的财务健康状况及其产生自由现金流的能力。自由现金流是企业能够自由支配的现金，可用于再投资、偿还债务或分配给股东等。

在估值过程中，现金流量表的信息可以帮助投资者更加准确地估计企业的内在价值，尤其是通过使用现金流折现（DCF）模型等方法。这种方法侧重于预测企业未来产生的现金流，并使用适当的折现率将其折算为现值，从而得出企业的估值。因此，现金流量表不仅是企业运营健康度的重要指标，也是进行企业估值不可或缺的一部分。

三、使用现金流量表中的数据进行估值

使用现金流量表中的数据来估值时，常用的比率是市现率（price-to-cash flow ratio，P/CF ratio），又称市账率、市账比，是每股市价与每股经营活动现金流量的比率。不同行业的市现率差异较大。

这里，需要提示初学者注意的是：在进行财务报表分析时，要注意会计报表本身的局限性和分析方法的局限性。

第一，要认识到会计处理程序本身的局限性。会计本身并不着眼于预测企业的业绩，它的基本功能是列示企业的业绩以及由此形成的财产权利。报表数据所呈现的某种趋势仅具有参考价值。

第二，要注意会计规则的弹性化对数据真实性的影响。近年来，会计准则逐步引入了估计、现值等所谓的"国际会计惯例"，导致会计报表中出现了大量的金融预期（缺乏法律证据的信息）。在分析财务报表

时，应注意剔除以公允价值计量且其变动计入当期损益的金融资产等项目所导致的报表数据波动的影响。

第三，要注意慎重选择参照系。进行财务分析时，需要一个"参照系"，例如，与企业的历史水平、与同行业平均水平或行业先进水平、与计划预算相比较等，否则单个指标往往缺乏足够的说服力。横向比较时，需要使用同业标准，而同业的平均数只有一般性的参考价值，不一定有代表性。选一组有代表性的公司的指标并求其平均数作为同业标准，可能比整个行业的平均数更有意义。但是不少公司实行跨行业经营，没有明确的行业归属，这使得同业比较变得更加困难。

第四，警惕数字"陷阱"。比率的计算结果常常会误导报表读者。例如，如果分母数值很小，则比率常常会大得出奇。

第七节　结　语

让我们重温一下毛主席对会计工作的重要论述："算账才能团结；算账才能帮助干部从贪污浪费的海洋中拔出身来，一身清净；算账才能教会干部学会经营管理方法；算账才能……实现群众的监督，实现真正的民主集中制。"这是对会计管理服务于物质文明和精神文明建设的重要意义的充分肯定。

企业会计是面向实体经济的发展，以加强有效管理为核心，以依法记账、依法纳税、依法分配为主要内容的管理活动。会计的基本原则是根据法律事实记账，对企业财产权利的变动及其原因进行分类统计，从而为企业经营管理和国民经济管理提供具有法律证明力的财产权利和业绩信息。法律事实是指引起民事主体的法律关系产生、变更或消灭的客观事实。根据法律事实记账，是会计保持其行业价值的底线。合规管理是会计管理的底线要求。这就需要企业管理者掌握税收相关经济法律制度以及公司法、民法典、刑法典等法律知识，恪守合规管理的风险管控底线。会计管理根本地是要为企业打造优质产品和服务提供支持。这就需要我们牢牢树立产品意识、品牌意识，做有思想的管理者，实事求是，求真务实，以知识产权打造一流产品和服务。

本章小结

　　财务报表数据集中反映了企业的财务状况和经营成果，据此进行分析可以了解企业过往表现和现状。关于财务报表分析的方法，法律和行政法规对此并无规定。财务比率的意义主要在于比较。

　　常用的估值指标有拿利润表来估值的市盈率、市销率，拿资产负债表来估值的市净率，以及拿现金流量表来估值的市现率。在进行财务报表分析时，要注意会计报表本身的局限性和分析方法的局限性。

本章练习题

一、计算分析题

　　某公司有关资料如下：

　　（1）20×1年某公司平均资产总额为 3 000 万元，流动负债为 600 万元，长期负债为 600 万元。

　　（2）该公司 20×1 年营业收入为 4 000 万元，净利润为 400 万元。

　　计算：

　　（1）该公司的总资产周转率。

　　（2）该公司的权益乘数。

二、论述题

　　1. 在进行财务报表分析时，需要注意哪些问题？

　　2. 财务比率分析方法的局限性体现在哪些方面？

　　3. 上市公司估值是投资者和分析师评估股票价值的关键步骤，但其应用也存在误区，试对常见误区进行说明。

立德育人

财务报表分析与企业社会责任

阳光集团是一家知名的绿色能源企业，长期致力于太阳能电池板的研发和生产。随着环保意识的提升和政府对清洁能源的支持，阳光集团的业务迎来了快速发展期。然而，随着公司规模的扩大，管理层开始注意到财务报表分析对于公司战略决策的重要性。

在一次年度股东大会上，阳光集团的财务总监李明展示了一份详尽的财务报表分析报告。这份报告不仅涵盖了传统的财务比率分析，如流动比率、负债权益比率和盈利能力指标，还深入分析了公司的管理效率、市场占有率和品牌影响力。值得一提的是，李明在报告中加入了对环境、社会和治理（ESG）指标的分析，强调了公司在可持续发展方面的承诺和进展。

李明指出，阳光集团在财务报表分析中融入ESG指标，不仅是为了响应全球对可持续发展的呼吁，也是为了更好地评估公司的长期价值和风险管理。通过分析，公司发现，绿色能源项目的投资虽然短期内增加了成本，但从长远来看，有助于降低运营成本，提高能源效率，同时也提高了公司的品牌形象，吸引了更多注重可持续性的投资者和客户。

请思考：阳光集团的案例展示了财务报表分析如何与企业社会责任相结合。请思考，企业如何通过财务报表分析来体现其对环境、社会和治理（ESG）的承诺？在评估企业价值时，将ESG指标纳入财务报表分析有何重要意义？这对投资者、消费者以及更广泛的社会群体有何影响？

主要参考文献

［1］财政部会计财务评价中心．初级会计实务［M］．北京：经济科学出版社，2024.

［2］中华人民共和国财政部．中华人民共和国会计法（2024年）［S/OL］．（2024-09-01）．https：//kjs. mof. gov. cn/zt/kjfxcgc/kjfqw/202408/t20240814_3941788.htm.

［3］周华，戴德明，刘俊海，等．国际会计准则的困境与财务报表的改进——马克思虚拟资本理论的视角［J］．中国社会科学，2017（3）.

［4］马克思．资本论：第二卷［M］．中共中央马克思恩格斯列宁斯大林著作编译局，译．北京：人民出版社，2004.

［5］葛家澍，刘峰．新中国会计理论研究50年回顾［J］．会计研究，1999（10）.

［6］杨纪琬，阎达五．开展我国会计理论研究的几点意见——兼论会计学的科学属性［J］．会计研究，1980（1）.